W0187659

Dr. Rebecca Böhme

Mind your Glücksschwein

Mit der Kraft positiver
Erwartungen das Leben verändern

C.H.Beck

Mit 5 Abbildungen

© Verlag C.H.Beck oHG, München 2022
www.chbeck.de
Umschlaggestaltung: geviert.com, Michaela Kneißl
Umschlagabbildung: © Shutterstock
Satz: C.H.Beck.Media.Solutions, Nördlingen
Druck und Bindung: Druckerei C.H.Beck, Nördlingen
Gedruckt auf säurefreiem und alterungsbeständigem Papier
Printed in Germany
ISBN 978 3 406 78320 3

myclimate

klimaneutral produziert
www.chbeck.de/nachhaltig

Für meine Glücksschweine
Andrew, Eric und Vincent

Inhalt

Teil 2

Wie unsere Erwartungen unser Verhalten beeinflussen

· 79 ·

Teil 3

Wie wir die Kraft positiver Erwartungen nutzen können

· 153 ·

Ein paar Vorbemerkungen

Will das Gehirn die Schokolade essen und ist das Selbst eine Illusion?

Manche Menschen bezeichnen sich als Glückspilze, andere sind überzeugt davon, dass sie als Pechvögel durchs Leben gehen müssen. Wir wünschen einander Glück, wir tragen einen Talisman mit uns herum und haben unzählige Symbole, die Glück bringen oder auch Pech bedeuten. Viele dieser Symbole und Verhaltensweisen sind so normal und häufig, dass jeder sie kennt, zum Beispiel vierblättrige Kleeblätter, Glücksschweine und Schornsteinfeger, oder wenn wir auf Holz klopfen, um ein Unglück abzuwehren. Viele Menschen hegen und pflegen persönliche Rituale, die ihnen Glück bringen oder Missgeschicke abwenden sollen. Doch wie und warum ist solcher Aberglauben überhaupt entstanden, welchen Zweck erfüllt er und warum behalten wir – aufgeklärte und vernünftige Personen, die wir sind – solche Rituale bei?

Erklärungen dafür finden wir möglicherweise, wenn wir uns näher ansehen, wie wir Menschen emotionale Ereignisse verarbeiten und wie das Gehirn Geschehnisse in unserer Umwelt vorhersagt und verarbeitet. Selbst wenn der Fokus hierbei häufig auf den neuronalen Vorgängen, also den Aktivitäten des Nervensystems liegen wird, ist es immer wichtig, im Hinterkopf zu behalten, dass das Gehirn nicht allein in den Weiten des Weltalls schwebt, sondern eines von vielen Organen ist, ein Teil eines größeren Ganzen, das uns als Person ausmacht. Man liest häufig, das Gehirn mache dies und das, würde sich für die Schokolade entscheiden und gegen den Sport – doch säße es isoliert in einem Glasbehälter, würde es sich gar nicht für Schokolade und Sport interessieren. Das Gehirn und seine Leistungen können nur im Gesamtzusammenhang verstanden werden, also im Zusammenspiel mit dem übrigen Körper – und im Verhältnis zur Lebenswirklichkeit. Dies gilt auch, wenn ich das Gehirn um der besseren Lesbarkeit willen personalisiere und zum Beispiel schreibe: «Das Gehirn versucht vorherzusagen, was als Nächstes passiert» oder «Das Gehirn möchte, dass wir die Schokolade essen». Natürlich möchte das Gehirn *an sich* gar nichts, nur wir als Individuen können etwas wollen.

Viele Neurowissenschaftler:innen vertreten die Ansicht, das Gehirn wäre der eigentliche Macher, der geheime Strippenzieher im Hintergrund, der eigene Ziele oder Wünsche hat und diese uns dann bloß als die unseren vorgaukelt. Dieses bedauerliche Missverständnis, dass unser Gehirn eine eigenständige Einheit mit geheimen Absichten sei, dem unser bewusstes Ich nur oben aufsitzt, führt zu dem Schluss, das Selbst sei eine Illusion und wir hätten keinen freien Willen. Wie kommt es zu diesem Missverständnis? Ambitionierte Forscher:innen, zu denen auch ich gehöre, möchten gerne die neurowissenschaftliche Basis ergründen von ... ja, eigentlich von allem. Doch das setzt voraus, dass man etwas messen kann. Möchte man etwa sehen, was im Gehirn vor sich geht, wenn man einer Versuchsperson ein Muster aus waagerechten oder senkrechten Streifen präsentiert, ist das noch recht einfach. Es wird schon komplizierter, wenn man versucht, die Farbwahrnehmung zu messen (mehr dazu später). Richtig kompliziert wird es, wenn Forscher:innen sich komplexeren Emotionen und Konzepten zuwenden. Denn es fällt uns Menschen zwar sehr leicht, im Alltag die Bedeutung der Wörter «Liebe», «Sorge», «Bewusstsein» oder «Ich» zu verstehen, doch diese zu definieren und dann womöglich noch in einem Experiment greifbar, also messbar zu machen – ist das überhaupt möglich?

Bei einem so komplizierten Konzept wie dem Selbst genügt ein kurzer Seitenblick auf Philosophie und Psychologie, um zu sehen, dass wir uns nach wie vor nicht einig sind, wovon wir eigentlich sprechen. Die Neuroforschung sucht trotzdem nach der neurophysiologischen Entsprechung für abstrakte Konzepte wie «Selbst» oder «Liebe». Erfolgreich kann dieses Unterfangen nur unter der Voraussetzung sein, dass das Gehirn das Selbst irgendwie hervorbringt oder produziert. Das aber setzt wiederum voraus, dass dieses «Selbst» separat, vom Gesamtzusammenhang getrennt, erforscht werden kann. Und genau hier liegt das Missverständnis: Das Selbst lässt sich nicht quantifizieren und in physikalischen Einheiten messen. Das Selbst lässt sich nicht finden, indem man es immer mehr in seine Einzelteile zerlegt und versucht, diese im Gehirn zu lokalisieren. Denn das Selbst entsteht ja erst durch Synthese: durch die Zusammenführung von Wahrnehmungen, Empfindungen, Gedanken, mit

Gefühlen, Erinnerungen, Hoffnungen, Sehnsüchten und vielem mehr. Das, was wir als «Selbst» bezeichnen, ist unsere Subjektivität, sind unsere eigenen, persönlichen Empfindungen und unser Bezugsmittelpunkt zur Lebenswelt. Das Selbst wird also nicht durch die Aktivität der Nervenzellen erschaffen, vielmehr ist das Selbst diese Aktivität. Es ist aber noch mehr: dazu gehören auch die Vorgänge in unserem Körper, das persönliche Erleben unserer Umgebung und das In-Beziehung-Treten mit unseren Mitmenschen. Das Selbst ist zeitlich und räumlich ausgedehnte Subjektivität.

Nicht jedes Konzept, für das wir Wörter haben, lässt sich wissenschaftlich quantifizieren und «physikalisieren». Wenn man dies versucht, entstehen leider Fehlschlüsse und Kategorienfehler, die schwerwiegende Folgen für unser Selbstverständnis als Menschen haben können. Besonders deutlich wird dies an der Behauptung, wir hätten keinen freien Willen, weil unsere neuronalen und biologischen Vorgänge uns steuern würden. Diese Behauptung impliziert, dass wir eine von diesen biologischen Vorgängen getrennte Einheit sind. Versteht man jedoch, dass wir, dass dieses «Selbst», das wir ja ganz deutlich in uns spüren, diese biologischen Vorgänge enthält, dann sollte klar werden, dass unsere Willensentscheidungen sehr wohl die unsrigen sind. Tatsächlich ermöglicht uns unser hochentwickeltes Nervensystem genau dies: freie Entscheidungen zu treffen, basierend auf Abwägen, Nachdenken, Innehalten.[1] Wir sind eben nicht wie simplere Lebensformen einfachen Reflexbögen ausgeliefert, die im Sinne von «Wenn ... dann» funktionieren, sondern können (zumindest in den meisten Fällen) Entscheidungen treffen, und zwar auf der Basis unserer subjektiven Wahrnehmung und unserer Involviertheit in die Welt.

Die Vorgänge im Gehirn stehen in Zusammenhang mit Vorgängen in unserem Körper und natürlich auch in unserer Umgebung. So ist unsere Wahrnehmung von unserem Atemrhythmus und unserem Herzschlag abhängig,[2] so beeinflussen Millionen von Bakterien, die in unserem Darm und auf unserer Haut leben, wie es uns geht.[3] Und so ist die Vagusnerv-Verbindung von unserem Darm zum Hippocampus, der Gedächtnisregion im Gehirn, notwendig dafür, sich Neues merken zu können,[4] und vermag unsere Stimmung zu beeinflussen[5] – um nur einige Beispiele zu nennen.

Je mehr wir uns mit den Funktionsweisen des Gehirns beschäftigen, desto deutlicher wird, dass wir es eher als eine Art Umschlags- und Integrationsplatz für alle Ereignisse und Reize um uns herum und in uns drinnen ansehen sollten. Das Gehirn ist, wie der Psychiater und Philosoph Thomas Fuchs so treffend schreibt,[1] ein Beziehungsorgan: es vermittelt unseren Bezug zur Welt und zu unseren Mitlebewesen. Dabei ordnet es die Eindrücke, denen wir ausgesetzt sind – und wie es diese ordnet, hängt beispielsweise davon ab, ob wir uns selbst als einen Glückspilz oder einen Pechvogel sehen. Was das bedeutet und wie wir dieses Wissen für unser Wohlergehen nutzen können, davon handelt dieses Buch.

Was dieses Buch möchte – und was nicht

Noch eine Bemerkung vorab: Dieses Buch zu schreiben war ein Drahtseilakt. Ich will wissenschaftlich fundiert informieren, ohne falsche Hoffnungen zu vermitteln und ohne profitgierige Quacksalber:innen zu legitimieren. Gleichzeitig möchte ich unterhaltsam und lesbar schreiben, und das bedeutet auch, Forschungsergebnisse zu verallgemeinern und nicht seitenlang gegeneinander abzuwägen.

Bei der Interpretation von Forschungsergebnissen gilt immer zu bedenken, dass diese häufig korrelativ sind, nicht kausal, dass sie also Zusammenhänge aufzeigen, nicht zwangsläufig eindeutige Ursache-Wirkungs-Verhältnisse. Mit dem Verwechseln von Korrelation und Kausalität hat man in der Forschung häufig zu tun. Folgendes Beispiel veranschaulicht die Problematik gut: Daten besagen, dass das Einkommen der Menschen mit ihrer Schuhgröße zusammenhängt. Daraus könnte man nun schlussfolgern, dass Menschen, die auf großen Füßen leben, auch mehr Geld verdienen. Doch dies bedeutet nicht, dass eine große Schuhgröße auch die *Ursache* für ein höheres Einkommen ist. Der Zusammenhang ist aber auch nicht zufällig, sondern vermittelt durch den Geschlechterunterschied im Einkommen: Männer haben im Durchschnitt größere Füße und verdienen besser als Frauen.

Weiterhin ist es wichtig, dass Forschungsergebnisse auf Stichproben beruhen, die kaum repräsentativ für die Gesamtbevölkerung ausgewählt wurden. Tatsächlich nehmen an den meisten psychologischen Studien vor allem Psychologiestudent:innen teil. Es ist aber nicht sicher, ob die Ergebnisse sich auch auf Physikstudent:innen oder Menschen, die nicht studieren, Menschen aus anderen Gesellschaftsschichten, ja aus anderen Ländern verallgemeinern lassen. Das ist ein bekanntes Problem, und immer mehr Studien versuchen, bessere, also repräsentativere Stichproben zu rekrutieren. Erkundigen Sie, liebe Leser:innen, sich doch gerne einmal bei einer Universität in Ihrer Nähe, ob gerade Versuchspersonen gesucht werden – insbesondere, wenn Sie nicht Psychologiestudent:in sind.

Aufgrund dieser und weiterer Faktoren muss eine wissenschaftliche Denkweise immer durch Offenheit gekennzeichnet sein – Offenheit dafür, dass aktuelle Ergebnisse möglicherweise in Zukunft widerlegt werden und dass es andere Erklärungen oder weitere Phänomene geben kann, die wir noch nicht verstehen, da wir sie noch nicht experimentell untersucht haben. Genauso wie früher das heliozentrische Weltbild als irrtümlich angesehen wurde, sehen wir womöglich heutzutage Phänomene als Hirngespinste an, für die sich in der Zukunft eine wissenschaftliche Erklärung finden wird.

Wer sich über den Placebo-Effekt und die Kraft positiver Gedanken informiert, wird schnell sehen, dass diese Konzepte leider häufig missbraucht werden. Zum Beispiel, indem man kranken Menschen Heilung, verzweifelten Menschen Erfolg oder einsamen Menschen Liebe verspricht – und diese Hoffnung teuer verkauft. Das ist insbesondere deshalb unglücklich, weil es durchaus solide wissenschaftliche Forschung zu diesen Themen gibt, und zwar Forschung, die zeigt, dass der Placebo-Effekt existiert (ebenso wie der Nocebo-Effekt) und unsere Erwartungen physiologisch messbare Wirkungen haben können. Werden solche Ergebnisse jedoch mit Pseudowissenschaft und Parapsychologie vermischt und zu unwiderlegbaren Gesetzen erklärt, leidet darunter die Forschung ebenso wie die seriöse Anwendung dieser Effekte.

Hoffnung und positive Erwartungen können einiges bewirken, aber keine Wunder. Auch ist es nicht leicht, während weltweiter Krisen eine optimistische Einstellung zu bewahren. Ich würde niemals behaupten, dass wir allein durch positive Gedanken zu Erfolg und Liebe kommen oder aktuelle globale Probleme lösen können. Ich möchte ebenso wenig raten, auf ein notwendiges, geprüftes Medikament zu verzichten und sich nur auf den Placebo-Effekt zu verlassen. Vielmehr hoffe ich, dass es mir gelingt zu zeigen, wie wir durch unsere Erwartungen das Potential der Fähigkeiten und Hilfsmittel, die uns zur Verfügung stehen, voll ausschöpfen und so ein Leben mit einem Glücksschwein an unserer Seite führen können.

Fast schon Hellseher – Wir sind Experten im Vorhersagen

Eine wichtige, ja überlebenswichtige Funktion unseres Nervensystems ist die Fähigkeit, vorherzusagen, was in der Welt um uns herum als Nächstes geschehen wird. «Als Nächstes» können wir in diesem Zusammenhang einerseits zeitlich verstehen: das, was im nächsten Moment geschehen wird. Der Philosoph Edmund Husserl hat gezeigt, dass wir das Jetzt als einen ausgedehnten Moment erleben. Das bedeutet, wir sind nie nur direkt im Jetzt, in eben dieser Millisekunde. Unser Erleben ist nicht die Wahrnehmung vieler einzelner, voneinander unabhängiger Momente und Sinneseindrücke, sondern unser Empfinden von «jetzt» erstreckt sich über einen gewissen Zeitraum (Studien legen nahe, dass es sich hierbei um ein paar Sekunden handelt). Husserl benennt drei Zutaten zum erlebten Jetzt: die Retention, die Impression und die Protention. Wir behalten eine Wahrnehmung im Bewusstsein, wir nehmen etwas wahr und wir nehmen etwas vorweg. Wie richtig diese Überlegungen sind, lässt sich am Musikhören zeigen: Wenn wir einem Musikstück lauschen, hören wir nicht bloß die einzelnen Töne. Die Melodie entsteht aus der spezifischen Tonfolge – und wir haben unbewusst eine Erwartung darauf, welcher Ton als Nächstes folgen sollte. Kommt hingegen ein anderer, unerwarteter Ton, klingt es oft schief. Genauso verhält es sich auch mit der Sprache: Um einen Satz zu verstehen, integrieren wir die Wörter über einen bestimmten Zeitraum hinweg und können häufig vorwegnehmen, was als Nächstes gesagt werden wird.

Wir können die Notwendigkeit, vorherzusagen, was als Nächstes geschieht, auch räumlich verstehen und meinen dann, was in direkter Nähe zu unserem Körper geschehen wird. Das Gehirn verarbeitet Reize, die in direkter Nähe zu unserem Körper auftauchen, anders als Reize, die weiter weg sind. Wir reagieren auch anders auf solche Sinneseindrücke. Ist beispielsweise ein Geräusch in direkter Nähe zu unserem Arm zu hören, feuern Neurone, die sonst nur auf die Berührung des Arms reagieren.[6] Zudem reagieren wir dann schneller auf eine Berührung am Arm. Den Bereich um unseren Körper nennt man den peri-personalen Raum. Es ist der Raum, in dem etwas mit uns in Berührung kommen kann oder in dem wir mit Objekten oder Lebewesen interagieren können. Auch hier handelt es sich also um eine Vorhersage: Es ist sozusagen der Raum der *möglichen* körperlichen Interaktion.

Viele Neurowissenschaftler:innen erklären diese räumlichen und zeitlichen Vorhersagen so, dass das Gehirn «ein Modell» der Welt erstellt. Anhand eines solchen Modells versucht das Gehirn kontinuierlich, vorherzusagen, was als Nächstes und in der nahen Umgebung passieren wird. Dafür stellt unser Nervensystem Verbindungen zwischen den eigenen Handlungen und den Reaktionen der Umwelt oder auch unseres eigenen Körpers her. Diese Verbindungen bilden sich aus, während ein Kleinkind die Welt erkundet: Wenn ich mich kratze, hilft das gegen den Juckreiz. Wenn ich meine Schwester kratze, schreit sie. Fällt eine Reaktion stark aus, sei es nun positiv oder negativ, oder ist ein Ereignis unerwartet, schenken wir diesem Ereignis besondere Aufmerksamkeit und behalten es auch eher im Gedächtnis.

Vorhersagen über die Umgebung und den eigenen Organismus zu treffen ist eine so grundlegende und überlebenswichtige Fähigkeit, dass wir sie bereits bei den einfachsten Lebensformen finden. So benötigen alle, selbst die einfachsten Lebewesen, ein inneres Gleichgewicht zum Überleben, zum Beispiel eine bestimmte Konzentration von Salzen und anderen Nährstoffen, einen bestimmten pH-Wert, eine bestimmte Temperatur. Je komplexer ein Lebewesen, desto besser kann es diese Bedingungen selbst regulieren. Schon einfache Einzeller können ihren eigenen pH-Wert in einem für sie angenehmen Bereich halten, indem sie ihren eigenen Stoffwechsel an die Umgebung anpassen.[7] Hierfür müssen sie wissen, welcher pH-Wert ihnen guttut. Mit anderen Worten, sie müssen eine Erwartung für einen pH-Wert haben. Und sie müssen in der Lage sein, Schwankungen dieses pH-Wertes auszugleichen. Dies ist eine einfache Wenn-dann-Reaktion: Eine Veränderung des pH-Werts regt eine chemische Ausgleichsreaktion im Bakterium an. Auf einfache Art und Weise sagt der Einzeller vorher, dass diese Reaktion zu einer Verbesserung der Lebensbedingungen führt. Langfristig können viele solcher Ausgleichsreaktionen schließlich sogar die Lebensbedingungen verändern. So haben Bakterien dazu beigetragen, dass die Erde eine sauerstoffhaltige Atmosphäre hat,[8] und könnten sogar in Zukunft helfen, fremde Planeten zu «terraformen», also in einen erdähnlichen Zustand zu bringen, in dem Menschen überleben könnten.[9]

Je komplexer ein Lebewesen, desto komplizierter und weitreichender werden auch die Vorhersagen. Tiere, die in sozialen Gemeinschaften leben – und dazu gehören auch wir Menschen –, benötigen noch vielfältigere Modelle, die nicht nur die direkte, *physikalische* Umwelt mit einbeziehen. Eine solche Vorhersage könnte zum Beispiel sein, dass ein Apfel, der reif geworden ist, vom Baum auf die Erde fallen wird – wo wir ihn dann aufsammeln und essen können. Dies vorherzusagen ist zwar schon recht kompliziert, jedoch folgt es regelmäßigen biologischen Vorgängen (Äpfel reifen) und Gesetzmäßigkeiten (Schwerkraft). Tiere, die keine Einzelgänger sind, müssen jedoch auch noch die Verhaltensweisen ihrer Artgenossen vorhersagen können. Da aber diese Artgenossen sich jeweils auch ihren eigenen Modellen entsprechend verhalten, benötigen Tiere in sozialen Gemeinschaften die Fähigkeit, Modelle von Modellen zu erstellen. Vögel, die in einem Schwarm fliegen, müssen die Gravitationskraft kennen und vorhersagen, wie stark sie mit den Flügeln schlagen sollten, um ihre Höhe beizubehalten. Sie sollten auch den Wind mit in ihre Berechnungen einbeziehen. Doch im Schwarm fliegen noch jede Menge andere Vögel mit, so dass jeder einzelne ein Modell der Flugbahn der anderen haben muss, damit der Schwarm eine schöne Wolke bildet und nicht ein Vogel mit dem anderen zusammenstößt. Obwohl die Koordination von Vogel- oder Fischschwärmen beeindruckend ist, sind dies noch relativ einfache Verhaltensweisen. Das Zusammenleben in einer Herde ist schon komplexer. Da müssen Rangfolgen beachtet, Fluchtreaktionen koordiniert, da muss der Zugang zu Futter und möglichen Paarungspartnern ausgehandelt werden. Bei uns Menschen erreicht die Komplexität der sozialen Interaktionen einen noch höheren Grad. Wir beziehen in unsere Einschätzung der Mitmenschen ein, dass unser Gegenüber versteckte Wünsche hegen könnte und er oder sie wiederum Vermutungen über unsere Absichten hat. Wie in einem Pokerspiel: Ich glaube, dass mein Gegenüber nur blufft – aber vielleicht glaubt auch mein Gegenüber, dass ich glaube, dass er oder sie blufft?

Zwischenmenschliche Interaktion ist natürlich nicht nur Lug und Trug und Täuschungsmanöver. Wir können von unseren Mitmenschen schnell und auf ungefährliche Weise etwas über unsere Umwelt lernen. Das bedeutet, dass wir von der Komplexität der Weltmodelle der anderen profitieren: Ich muss nicht erst alle Pilze einmal angebissen haben, um zu wissen, welche giftig sind. Dieses Experiment haben schon andere vor mir gemacht. Ein Kleinkind lernt in direkter, wechselseitiger Interaktion mit seinen Eltern, wie der eigene Körper funktioniert. Dies beginnt schon vor der Geburt; bereits in der Gebärmutter lernt der Embryo vom Körper der Mutter, welche Nährstoffe beispielsweise in der Welt zu erwarten sind und ob es sich eher um eine stressige oder eine ruhige Welt da draußen handelt.[10]

Auf die wichtige Rolle, die unsere Mitmenschen für unser Verständnis und unsere Umgangsform mit der Welt spielen, werde ich immer wieder eingehen. Selbst wenn ich mich nun zuerst den Funktionsweisen des einzelnen Gehirns zuwende, gilt es, nicht zu vergessen, dass wir Menschen Herdentiere sind, äußerst sozial und abhängig voneinander, und dass das einzelne Gehirn als Teil unseres Körpers immer eingebunden ist in die Welt und in das soziale Miteinander.

Teil 1
Wie unsere Erwartungen unsere Wahrnehmung beeinflussen

Physiologische Erwartungen und die Evolution unserer Sinnesorgane

Gibt es etwas Schöneres, als bei einem Spaziergang im Frühling die Vögel singen zu hören und durch das helle Grün der jungen Blätter das Sonnenlicht strahlen zu sehen? Welch ein Glück, dass wir die Fähigkeit haben, all dies wahrzunehmen! Dass wir überhaupt den Vogelgesang hören und die grünen Blätter sehen können, hängt von unseren Sinnesorganen und deren Eigenschaften ab. Wir können Licht wahrnehmen, weil unsere Augen mit Lichtrezeptoren ausgestattet sind. Doch wir können nicht alle Sorten Licht wahrnehmen. Welche Wellenlängen wir sehen, hängt von den Eigenschaften unserer Lichtrezeptoren ab. Andere Tiere, die mit anderen Lichtrezeptoren ausgestattet sind, können auch andere Wellenlängen registrieren. Während wir die Tulpen und Rosen im Blumenbeet bewundern, schenken wir Gänseblümchen und Löwenzahn meist weniger Beachtung. Das würden viele Insekten und Vögel nicht verstehen. Für sie leuchten Gänseblümchen, Löwenzahn und zahlreiche weitere Blüten in faszinierenden, ultravioletten Mustern.* Da die Insekten als Bestäuber unersetzlich für die Fortpflanzung von blühenden Pflanzen sind, haben viele Pflanzen Blüten entwickelt, die mit ultravioletten Mustern die Insekten zu ihrer Mitte locken sollen. Besonders aufregend daran finde ich, dass es zeigt, dass in der Welt um uns mehr vor sich geht, als wir tatsächlich mit Hilfe unserer Sinnesorgane wahrnehmen können. Es zeigt gleichzeitig, wie gut die Sinnesorgane und die Reize der Umwelt aufeinander abgestimmt sind und sich miteinander und in ständiger Wechselwirkung in den Millionen von Jahren der Evolution entwickelt haben.

Ein vergleichbares Beispiel gibt es für den Hörsinn: Auch hier ist unsere Wahrnehmungsfähigkeit auf einen bestimmten Bereich der vorhandenen Wellenlängen beschränkt oder, besser gesagt, «spezialisiert». Viele Tiere können jedoch die höheren oder tieferen Töne wahrnehmen – und auch selbst produzieren. So nutzen Fledermäuse Ultraschall zur Jagd. Elefanten können sich über weite Entfernungen mit Hilfe von Infraschall verständigen, also mit Tönen, die so tief sind, dass wir sie nicht hören können. Giraffen, so glauben viele, seien stumm, weil wir beim Zoobesuch nie hören, dass sie Geräusche von sich geben. Doch auch sie nutzen sehr niedrige Frequenzen zur Verständigung. Ob diese tatsächlich im Infraschallbereich liegen, ist noch ungeklärt.[11]

Und dann gibt es andere Sinne, über die wir Menschen überhaupt nicht verfügen, zum Beispiel den Magnetsinn,

---

* Siehe zum Beispiel die Fotografien von Craig Burrows: https://www.instagram.com/cpburrowsphoto/

mit dessen Hilfe Vögel das Magnetfeld der Erde erspüren können und sich daran orientieren.[*] Oder das Seitenlinienorgan der Fische, mit denen sie Wasserbewegungen wahrnehmen. Oder die Elektrozeption, mit deren Hilfe Tiere, zum Beispiel der Elefantenfisch und das Schnabeltier, und sogar Pflanzen (!) elektrische Felder wahrnehmen und zur Orientierung nutzen können.

Natürlich wäre es schön, wenn wir auch diese speziellen Muster auf den Blüten sehen oder die Sprache der Elefanten hören könnten. Doch sie haben für uns keine Relevanz, das heißt, es besteht keine biologische Notwendigkeit dafür, dass wir sie sehen oder hören. Dass wir gewisse Wellenlängen nicht sehen oder hören können, kann man als «Einschränkung» verstehen. Genauso gut können wir dies aber auch als einen Vorteil interpretieren. Denn unsere Sinnesorgane haben sich so entwickelt, dass sie eben genau die Signale aus unserer Umwelt wahrnehmen, die wichtig für uns sind. So helfen sie uns, uns auf das Wesentliche zu konzentrieren. Zudem sind unsere Rezeptoren Experten in genau dem für unser Überleben wichtigen Bereich der Wahrnehmung. Jahrmillionen von Evolution haben uns mit Sinnesorganen ausgestattet, die für genau die Reize optimiert sind, die in unserer Umwelt *zu erwarten sind*. Es handelt sich hier

---

[*] Allerdings vermuten manche Forscher, dass der Mensch doch einen Magnetsinn hat (Wang, C.X., Hilburn, I.A., Wu, D.A., Mizuhara, Y., Cousté, C.P., Abrahams, J.N., ... & Kirschvink, J.L. (2019). Transduction of the geomagnetic field as evidenced from alpha-band activity in the human brain. *eNeuro*.). Und ich habe wirklich schon seit meiner Kindheit den Eindruck, dass ich fühlen kann, wo Norden ist.

also um eine einfache Form der Erwartung, wie wir sie auch bei einfachen Lebensformen gesehen haben. Wir können dies als eine Art physiologische Erwartung verstehen hinsichtlich der Umstände, auf die unser Körper vorbereitet ist.

Man könnte meinen, dass Licht in unserem Gehirn einfach ein Abbild der Welt hervorbringt, ähnlich wie bei einer Camera obscura, bei der Licht durch ein winziges Loch fällt und ein umgedrehtes Bild auf der Rückwand in einem dunklen Raum erzeugt. Aber so einfach ist es nicht. Sehen ist nicht die einfache Projektion der Welt da draußen auf die Hinterseite unseres Schädels. Wenn ein Reiz aus der Umwelt eines unserer Wahrnehmungsorgane aktiviert, wird das hervorgerufene Signal nicht direkt an das Gehirn weitergeleitet. Vielmehr finden schon vor Ort erste Verarbeitungsschritte statt. Unser Gehirn funktioniert halt nicht isoliert. Auch wenn es als eine Art zentrale Umschlagsstelle in unserem Kopf sitzt, benötigt es die enge Zusammenarbeit mit den Sinnesorganen, um ein akkurates Verständnis seiner Umgebung zu entwickeln. Alle Sinnesorgane liefern also an das Gehirn vorsortierte und vorverarbeitete Informationen. Dies wird häufig als Beweis angeführt, wir würden nicht die wirkliche Welt wahrnehmen können, nicht «das Ding an sich». Doch dies ist ein Fehlschluss, denn bei der Verarbeitung der Sinnesreize wird die Wahrnehmung nicht verfälscht, sondern geschärft und aufbereitet, um unsere Wahrnehmung der Welt zu *verbessern*.

Besonders gut untersucht sind diese Verarbeitungsschritte für den Sehsinn. Wenn Licht auf unsere Lichtrezeptoren, die Photorezeptoren, trifft, findet in diesen spezialisierten Zellen eine chemische Reaktion statt. Diese löst dann ein elektrisches Signal aus, welches von den sogenannten Ganglionzellen über den Sehnerv an das Gehirn weitergeleitet wird. Doch noch davor, in der Retina, also in der Rückwand des Auges, finden erste Verarbeitungsschritte statt. In der Retina befinden sich die Photorezeptoren und die Ganglionzellen, die allerdings nicht direkt miteinander verbunden sind. Dazwischen gibt es weitere Zellen, die die Informationen von den Photorezeptoren sammeln und gebündelt weitergeben. Diese Zellen zwischen den Rezeptoren und den Ganglionzellen, die den Sehnerv formen, nennt man «Interneurone». Die Vorsilbe «inter» bedeutet «zwischen». Nun wird es bereits richtig kompliziert. Denn es gibt mehrere Sorten dieser Interneurone, und sie geben nicht einfach nur das Signal weiter, das sie vom Rezeptor erhalten haben, sondern kombinieren Signale mehrerer Photorezeptoren miteinander. Manche der Interneurone verstärken ihre Aktivität, wenn ein Photorezeptor *Licht* signalisiert, andere Interneurone verringern ihre Aktivität. Auf diese Weise helfen die Interneurone den Ganglionzellen, Kontraste zu schärfen. So können die Kanten und Umrisse von Objekten bei der weiteren Verarbeitung im Gehirn leichter erkannt werden. Hinzu kommt, dass einige Ganglionzellen speziell auf Bewegung in eine bestimmte Richtung reagieren, also nur dann aktiv werden, wenn ein Lichtreiz sich beispielsweise von links nach rechts über das Blickfeld bewegt. Manche Ganglionzellen werden bei schnellen Bewegungen aktiv, andere bei langsamen. Das Signal, das über den Sehnerv ans Gehirn gesendet wird, ist also kein «Roh-signal». Es ist nicht einfach die Information «Licht an» oder «Licht aus». Es enthält bereits Informationen über Kontraste, die durch die Vorverarbeitung verstärkt wurden, sowie über die Richtung und Geschwindigkeit von beweg-ten Lichtreizen. Zudem wird das Gesehene auch in Bezug auf die Wellenlänge hin verarbeitet. Auch hierfür gibt es spezialisierte Zellen in der Retina.

Das ist alles erstaunlich kompliziert – vor allem, wenn man sich überlegt, dass es sich hierbei *nur* um erste Vorver-arbeitungsschritte handelt, bevor das Signal überhaupt im Gehirn angekommen ist. Diese Vorverarbeitung in der Re-tina basiert auf Annahmen, die unser Nervensystem über die uns umgebende Welt hat. Zum Beispiel, dass die uns umgebende Welt Ecken und Kanten hat, und dass diese Kanten besonders wichtig sind, damit wir uns gut in dieser Umgebung zurechtfinden. Dies erscheint uns vollkommen logisch – natürlich sind die Umrisse der Dinge entschei-dend! Da wir alle die Welt durch ein Nervensystem wahr-nehmen, das auf dem Prinzip arbeitet, Kontraste zu ver-stärken und Kanten dadurch besonders gut wahrzunehmen, können wir uns andere Möglichkeiten kaum vorstellen. Unser Sehsinn reagiert besonders auf bestimmte Eigen-schaften der uns umgebenden Welt, die *tatsächlich* wichtig und nützlich sind, da die Evolution diesen Sehsinn ja unter eben diesen Bedingungen hervorgebracht hat.

Dass dies unter anderen Bedingungen auch anders laufen kann, wird an einem faszinierenden Beispiel aus der Tier-welt deutlich: Bei Mäusen wurden Ganglionzellen in der

Retina gefunden, die noch wesentlich spezialisierter sind als die unsrigen.[12] Diese sogenannten W3-Zellen reagieren auf die meisten Lichtreize gar nicht. Sie scheinen sensibel für Bewegungen zu sein, allerdings nur, wenn die Umgebung selbst bewegungslos ist und auch sonst keine besonderen Eigenschaften wie eindeutige Ecken und Kanten aufweist. Sie können also die Bewegung von winzigen Punkten auf einem relativ einfachen, glatten Hintergrund erkennen. Wozu das wohl gut sein könnte? Eine Maus lebt schließlich meistens auf Wiesen, Feldern oder im Wald. Diese Umgebungen sind voller Kontraste und Kanten: Bäume, Grashalme, Erdhügel bieten keinen eigenschaftslosen Hintergrund. Die Interpretation der Forscher:innen, die diese Zellen untersuchten, ist: Es muss sich um Zellen in der Retina handeln, die hochspezialisiert sind – und zwar auf Raubvögel, die hoch am Himmel über der Maus kreisen – und dann als kleine, bewegte Punkte vor einem relativ glatten Hintergrund auf der Retina abgebildet werden. Dass Mäuse Zellen im Auge haben, die direkt und ohne weitere Verarbeitung im Gehirn auf mögliche Raubvögel reagieren, ermöglicht ihnen eine schnellere Fluchtreaktion. Dabei kann es auf Millisekunden ankommen: Von dem Moment an, in dem die W3-Zellen durch einen Raubvogel am Himmel aktiviert werden, bleiben der Maus lediglich 1,2–2,8 Sekunden, um dem schnellen Räuber zu entkommen. Die enorme Selektivität der Zellen macht das Signal sehr zuverlässig. Ähnlich spezialisierte Zellen wurden auch bei anderen kleinen Beutetieren von Raubvögeln, zum Beispiel bei Kaninchen, gefunden.

Interessanterweise lassen sich viele Zelltypen des visuellen Systems von früheren Säugetieren, also von unseren Vorfahren von vor Millionen Jahren, auch bei uns Menschen zu finden. Welche Rolle sie bei uns spielen, ist nicht immer geklärt. Es ist jedoch nicht unbedingt zu erwarten, dass diese Zellen ebenso stark spezialisiert sind. Es scheint eher so, dass sich im Laufe der Evolution solche hochspezialisierten Zellen bei einigen Tierarten herausgebildet haben, bei denen sie oft sogar mit einem ganz bestimmten Verhalten verbunden sind. Zum Beispiel bei Zebrafischen, bei denen die Aktivität bestimmter Retinazellen direkt in Jagdverhalten übersetzt wird,[13] oder eben bei den Mäusen, die vor Raubvögeln fliehen.[14] Solche Verhaltensweisen werden als Instinkte bezeichnet. Doch bei Lebewesen wie dem Menschen scheint die evolutionäre Entwicklung von diesen reflexiven Verhaltensweisen eher abgekommen zu sein. Denn während die engen Kopplungen zwischen Wahrnehmung und Reaktion eine schnelle Standardreaktion ermöglichen, die dem Tier das Überleben sichert, ist ein solcher Automatismus auch immer eine Einschränkung. Wir Menschen verfügen über ein größeres Verhaltensrepertoire und meist über größere Flexibilität, können also zwischen verschiedenen Reaktionen wählen. Das kostet uns natürlich Zeit, wir müssen immer erst mal nachdenken. Doch, so scheint es, ist die Flexibilität für uns von Vorteil gewesen, denn die Spezies Mensch war bisher sehr erfolgreich – zumindest im evolutionären Sinne der Vervielfältigung.

Ähnlich wie beim Sehen läuft die Vorverarbeitung auch

bei den anderen Sinnen. Beim Hören beginnt die Verarbeitung in der Cochlea, der Gehörschnecke. In der Cochlea sitzen die sogenannten Haarzellen. Diese haben tatsächlich haarartige Fortsätze, welche durch hereinkommende Schallwellen bewegt werden und den Schall in ein Nervensignal umwandeln. Je nach ihrer Position bevorzugen die Haarzellen unterschiedlich lange Schallwellen. Dadurch können wir verschiedene Frequenzen hören. Auch dies ist eine Erwartung des Sinnesorgans an die Umgebung: Nur bestimmte Frequenzen können die Haarzellen anregen und so überhaupt in ein Signal in unserem Hörnerv umgewandelt werden. Alle Frequenzen, die außerhalb dieses Bereichs liegen, den die Haarzellen abdecken, bleiben uns verborgen. Um auch leise Geräusche zu hören, können die Haarzellen wie Verstärker fungieren. Durch aktive Bewegung verstärken die Haarzellen schwache Vibrationen. Diese aktive Verstärkung findet nur für sehr leise Geräusche statt, nicht für laute. Auch hier handelt es sich also bereits um eine Vorverarbeitung des hereinkommenden Signals durch die primären Sinneszellen. Wie laut wir etwas hören, entspricht nicht dem linearen Anstieg der Lautstärke in Dezibel. Um in der Lage zu sein, ein Geräusch zu verorten, Sprache zu verstehen, sogar bei lautem Hintergrundlärm, um Musik emotional zu erleben oder an einem sich nähernden Schritt einen Freund zu erkennen, muss nach dieser initialen Umwandlung von Schallwellen in elektrische Signale noch einiges geschehen.

Ebenso werden die Signale des Tastsinns bereits im Rückenmark kombiniert und verstärkt oder abgeschwächt.

Diese Vorverarbeitung ist in ihrer Komplexität mindestens mit der der Retina vergleichbar,[15] jedoch bisher kaum erforscht. Dies trägt dazu bei, dass viele Theorien zur Funktionsweise unseres Gehirns auf den Forschungsergebnissen des Sehsinns beruhen – einem Fernsinn. Dies erklärt auch, weshalb sich die Neurophilosophie verstärkt mit der Frage beschäftigt, wie wir die Welt «da draußen» in unserem Gehirn «abbilden». Die Bildmetapher entspringt hier natürlich dem Sehsinn. Wenden wir uns jedoch dem Tastsinn, einem Nahsinn, zu, wird schnell klar, dass es sich hier ganz anders verhält. Wenn wir Oberflächen ertasten – oder wenn wir mit einem geliebten Menschen kuscheln – entsteht keine Abbildung im Gehirn. Vielmehr erfahren wir die Oberflächenbeschaffenheit direkt an unseren Fingerspitzen und den geliebten Menschen direkt hier bei uns. Mit anderen Worten: Wir spüren unser In-der-Welt-Sein. Gleichzeitig empfinden wir unseren eigenen Leib und die Bereiche der Verbindung zwischen «Ich» und dem anderen. Wenn sich die Forscher:innen in Zukunft mehr dem Berührungssinn zuwenden, wird es hoffentlich auch eine Erweiterung der Theorien zu unserem Weltverständnis geben. Unser Gehirn reduziert sich keineswegs darauf, Bilder unserer Umgebung zu erzeugen. Die Umwelt wirft nicht einfach Schatten an die Höhlenwand unseres Schädels. Vielmehr sind wir in unserer Wahrnehmung immer im aktiven Miteinander mit unserer Umwelt, eingebunden und mittendrin, nicht bloße Projektionsfläche.

Auch Geschmacks- und Geruchssinn vermitteln uns einen Eindruck der Welt, der sich von dem eines Bildes unterscheidet. Eigentlich haben wir nur fünf verschiedene Geschmacksrezeptoren für die Grundgeschmacksrichtungen salzig, süß, bitter, sauer und umami. Dass wir trotzdem viele unterschiedliche Geschmackserlebnisse haben können, liegt daran, dass unsere Geschmackszellen zwar besonders gut auf einen Geschmack reagieren, jedoch oft auch durch andere Geschmackseindrücke schwach aktiviert werden. So führen verschiedene Speisen zu unterschiedlichen Aktivierungsmustern der Geschmackszellen. Einzelne Geschmackszellen reichen uns also nicht aus, erst gemeinsam ergibt sich aus der Aktivität vieler Rezeptoren ein Muster, das wir dann als einen speziellen Geschmack wahrnehmen. Hinzu kommt, dass der pure Geschmack begleitet wird von Temperatur, Konsistenz und Geruch. Matschiger, lauwarmer Spinat schmeckt ganz anders als frischer, knackiger Spinatsalat.

Unser Geruchssinn verfügt zwar über wesentlich vielfältigere Rezeptoren, aber funktioniert nach dem gleichen Prinzip: Eine Geruchswahrnehmung ergibt sich aus dem komplexen Aktivitätsmuster vieler Zellen, von denen manche stärker, andere weniger stark aktiv sind. Auch bei Geschmacks- und Geruchssinn gilt: Es gibt viel mehr Geschmacks- und Geruchsreize, als wir wahrnehmen können. Auch diese Sinne haben sich im Laufe der Evolution so entwickelt, dass sie optimal auf die Reize reagieren, die für unser Überleben wichtig sind. Der Geruchssinn macht dies noch einmal besonders deutlich: Während wir viele Gerüche, die zum Beispiel Hunde oder Katzen erschnüffeln können, gar nicht wahrnehmen, haben manche Gerüche eine starke Wirkung auf uns: Schimmel und Verwesungsgerüche lösen ein Ekelgefühl aus, was uns vor Speisen schützt, die gesundheitsschädlich sein könnten.

Das Beispiel des Geruchssinns legt aber noch etwas anderes nahe: nämlich, dass es bei der Funktionsweise unserer Wahrnehmungsorgane womöglich nicht ausschließlich um das pure Überleben geht. Wären die Geruchsrezeptoren derart optimiert, würden wir nur Essbares und Ungenießbares riechen, außerdem Verwesungs- und Krankheitsgerüche, und dann noch die Körperdüfte unserer Mitmenschen, um zu erkennen, wer unsere Verwandten sind und wer mögliche Sexualpartner. Was ist der evolutionäre Sinn davon, den Duft von Blumen zu riechen? Warum schnuppern wir an Rosenblüten und Fliedersträuchern? Hier hilft uns eine strikt auf das Überleben gerichtete Evolutionstheorie nicht weiter. Eine klare Antwort kann uns die Wissenschaft noch nicht geben. Ich kann lediglich spekulieren. Es könnte sich um eine rein zufällige Koevolution handeln. Womöglich hat sich der Geruchssinn durch evolutionäre Prozesse auf überlebenswichtige Gerüche spezialisiert, die Fähigkeit, Rosenduft wahrzunehmen, hat sich aber nebenbei mit entwickelt, und da sie ja nicht schädlich ist, wurde sie nicht «wegrationalisiert». Oder ist sie nur ein Überbleibsel von einem Vorfahren, der sich wie die Insekten von Nektar ernährt hat? Möglicherweise hat diese Fähigkeit aber doch einen Vorteil, und wenn es lediglich der simple Vorteil ist, dass Blumenduft uns freudig stimmt? Schließlich haben bereits die alten Ägypter und Perser Düfte aus Blumen hergestellt, etwa Rosenwasser. Am Beispiel des Blumendufts wird deutlich, dass wir zwar versuchen können, anhand von Evolution und Umweltbedingungen zu verstehen, warum sich unsere Wahrnehmungsorgane auf bestimmte Bereiche der Welt spezialisiert haben, dass wir jedoch gleichzeitig weit davon entfernt sind, dies gänzlich zu ergründen.

Erwartungen unseres Nervensystems

Auf dem schönen Frühlingsspaziergang sehen wir von Weitem einen anderen Spaziergänger, der uns bekannt vorkommt. Als sich die Person nähert, erkennen wir unsere freundliche Nachbarin Erna, die sich immer so gut um unsere Balkonpflanzen kümmert, wenn wir verreisen. Wie kommt es, dass es uns so leichtfällt, Erna von Weitem schon als Bekannte auszumachen und dann innerhalb von Sekundenschnelle zu identifizieren? Bisher haben wir gesehen, wie das Signal über einen Umgebungsreiz in der Retina vorverarbeitet wird. Das vorverarbeitete Signal wird nun über die entsprechenden Nerven an das Gehirn weitergeleitet. Bis wir allerdings das Gesehene als eine bestimme Person, nämlich Nachbarin Erna, ausmachen, muss noch einiges geschehen. Alle die nun folgenden Verarbeitungsschritte sind wieder durch Erwartungen oder Vorannahmen geprägt. Basis ist auch hier eine Art «physiologische Erwartung», also eine angeborene Annahme darüber, welchen Sinnesreizen wir in unserer Umgebung begegnen werden und welche davon für uns wichtige Informationen enthalten. Hinzu kommen aber Erwartungen, die wir im Laufe unseres Lebens aufgrund der Erfahrungen, die wir gemacht haben, ausgebildet haben.

Wir wollen uns wieder zuerst dem Sehsinn zuwenden, da dieser Sinn am besten erforscht und verstanden ist. Der Sehnerv sendet die Information über eintreffendes Licht, über Ecken, Kanten und Bewegungsrichtung an die Sehrinde weiter, den Teil unseres Gehirns, der sich im Hinterkopf befindet. Hier wird das Gesehene nicht einfach wie auf einem Bildschirm aus vielen kleinen Lichtpunkten zusammengesetzt. Vielmehr durchläuft das Signal mehrere Verarbeitungsstufen, die das Gesehene immer detaillierter und in Bezug auf verschiedene Aspekte analysieren. Im ersten Schritt werden Kanten, Bewegungen und Farben identifiziert: Bestimmte Nervenzellen reagieren hier also beispielsweise auf eine Bewegung von links nach rechts oder auf die Farbe Blau. So erkennen wir beim Spaziergang, dass sich etwas auf uns zu bewegt und dass es größtenteils blau ist – denn Erna trägt einen blauen Mantel. Die Nervenzellen senden dann Informationen über Kanten, Bewegungen und Farben weiter an andere Areale im Gehirn, die das Gesehene untersuchen und versuchen zu erkennen, was wir denn da vor uns haben: ob es sich um einen Tisch, ein Haus, eine Katze oder um Erna handelt.

Theoretisch könnten wir zu jedem Zeitpunkt alles sehen. Das aber würde es dem Gehirn unglaublich schwer machen, Gegenstände und Lebewesen, nicht zu sprechen von einzelnen Personen, zu identifizieren. Die Anzahl der möglichen Erklärungen für einen bestimmten Sinneseindruck ist unendlich groß. Auch kann man sich vorstellen, dass unter bestimmten Bedingungen zwei vollkommen verschiedene Gegenstände genau die gleichen Lichtrezeptoren reizen (dazu mehr im Abschnitt über Illusionen). Wie können wir da überhaupt Gegenstände und Personen identifizieren – und das auch noch blitzschnell? Um sich die Arbeit etwas zu erleichtern, nutzt das Gehirn Erwartungen. Aufgrund der Situation, in der wir uns befinden, lässt sich ja bereits die Gesamtzahl der Möglichkeiten einschränken. Wenn ich mich in einem Haus befinde, ist die Wahrscheinlichkeit hoch, dass sich dort Möbel befinden, während die Wahrscheinlichkeit, dass sich dort ein Schaf befindet, wesentlich geringer ist. Und natürlich umgekehrt: Wenn wir in einer hübschen Wiesenlandschaft spazieren gehen, werden wir dort wahrscheinlich eher ein Schaf stehen sehen als einen Tisch. Ein Schaf und ein Tisch teilen einige einfache Eigenschaften: Beide haben vier Beine und einen Mittelteil. Würde das visuelle System in ersten Verarbeitungsschritten diese einfache Grundform erkennen und nun versuchen, es in eine Kategorie einzuteilen: Wie viele Möglichkeiten würden sich nun für etwas mit vier Beinen und einem Mittelteil ergeben! Das Gehirn arbeitet jedoch nicht wie ein Computer. Es könnte unmöglich in Sekundenschnelle jedes hereinkommende Bild mit allen theoretisch möglichen Dingen und Objekten abgleichen, um herauszufinden, was es da eigentlich sieht. Es ist also sinnvoll, dass Erwartungen basierend auf der Situation, in der wir uns befinden, diese Wahlmöglichkeiten einschränken – und dem Nervensystem die Arbeit erleichtern.

Hinzu kommt, dass Objekte und Personen nicht immer

direkt von vorne und bei bester Beleuchtung zu sehen sind, sondern aus allen möglichen Blickwinkeln, im Hellen, im Dunkeln, im Halbschatten, halb bedeckt durch ein anderes Objekt und so weiter. Trotzdem erkennen wir Dinge und Lebewesen in Sekundenschnelle, meistens ohne genaueres Hinsehen oder bewusstes Nachdenken. Eine Schlange von einem Stock zu unterscheiden, einen Freund von einem Feind, oder einen Tiger im Gebüsch zu erkennen, all das darf nicht einige Minuten von Herumrätseln und genauerem Hinsehen in Anspruch nehmen. Wir müssen innerhalb von Millisekunden wissen, worum es sich da handelt, um dann noch genügend Zeit zu haben, in einer Gefahrensituation die richtige Reaktion auszuwählen und auszuführen. Die unglaubliche Leistung, die das Gehirn hier vollbringt, basiert auf Erwartungen, teils angeborene, teils erlernte.

Diese Erwartungen sind vor allem Wahrscheinlichkeiten, wie wir schon im obigen Beispiel gesehen haben. Es ist wahrscheinlicher auf einer Wiese ein Schaf zu sehen als im Haus. Gleichzeitig spielen aber mögliche Bedrohungen oder Gewinne eine Rolle. Wir werden beispielsweise öfter vor einem Stock erschrecken, der Ähnlichkeiten mit einer Schlange hat, als einen Tisch mit einem Schaf zu verwechseln. Obwohl Stöcke auf dem Boden ja sehr viel häufiger und somit wesentlich wahrscheinlicher sind als Schlangen. Doch Schlangen können tatsächlich lebensbedrohlich sein. Wir haben vermutlich sogar eine angeborene Angst vor Schlangen und somit eine erhöhte Wachsamkeit für alles Schlangenähnliche. Es sichert unser Überleben, lieber ein-

mal zu häufig vor einem schlangenartigen Stock zu erschrecken, als sich allein auf die tatsächlichen Wahrscheinlichkeiten zu verlassen. Wieder ein schönes Beispiel dafür, dass
unsere Wahrnehmung nicht nur ein objektives Widerspiegeln der Umwelt ist, sondern ein In-Beziehung-Treten mit
der Welt, geformt durch unsere Bedürfnisse.

Ähnliche Täuschungen erleben wir nicht nur für mögliche Gefahren, sondern auch für mögliche Gewinne. Zum
Beispiel kann es passieren, dass man einen Kronkorken mit
einem Geldstück verwechselt und sich danach bückt. Das
bereits früh im Leben erworbene Wissen, dass Geld wertvoll
ist, kann dann ähnlich automatisiert wie ein Instinkt unser
Verhalten beeinflussen. Hier haben wir einen Fall, wo es
sich nicht um einen angeborenen Mechanismus handelt,
sondern um etwas Erlerntes. Dies geht so weit, dass wir
manchmal etwas sehen oder hören, das gar nicht da ist, vor
allem, wenn es sich um mögliche Gefahren oder Belohnungen handelt. Unsere Erwartungen sind nicht starr, sondern
können sich ein Leben lang an veränderte Umweltbedingungen anpassen. So passiert es mir manchmal, dass ich
fälschlicherweise eine Katze sehen, wenn sich etwas am
Fußboden bewegt oder ich in meinem Fußbereich aus dem
Augenwinkel einen undefinierbaren Schatten ausmache –
doch erst seit ein paar Jahren, nämlich, seit ich Katzen habe.
Mein Gehirn hat sich also an neue Gegebenheiten angepasst, denn es ist nun tatsächlich recht wahrscheinlich,
dass Bewegungen am Fußboden von einer Katze stammen.
Und da ich natürlich auf keinen Fall meiner Katze auf den
Schwanz treten möchte, sehe ich lieber einmal zu häufig

eine Katze am Boden, so dass ich meinen Gang anpassen kann. Diese Beispiele verdeutlichen auf eindrückliche Weise, wie das Gehirn einerseits die tatsächlich hereinkommenden Sinnesinformationen und andererseits bereits vorhandenes Wissen und ererbte Erwartungen kombiniert.

Auch vom Hörsinn gibt es ein beeindruckendes Beispiel für die Ausbildung einer Erwartung. In Studien konnte gezeigt werden, dass neugeborene Menschen auf der ganzen Welt die Fähigkeit haben, alle möglichen Sprachlaute zu erkennen und voneinander zu unterscheiden. Diese Fähigkeit verlieren wir als Erwachsene, so dass wir Sprachen, deren Laute sich stark von denen unserer Muttersprache unterscheiden, nur mit Schwierigkeit und häufig nie völlig korrekt zu sprechen lernen. Es scheint für diese Spezialisierung auf die Laute der Muttersprache ein kritisches Zeitfenster zu geben: die ersten sechs Monate.[16] Hier haben wir ein hervorragendes Beispiel für die Interaktion von angeborenen und erlernten Erwartungen: Das neugeborene Baby kommt auf die Welt mit der angeborenen Erwartung, dass es Sprache gibt und dass diese wichtig ist. Es ist besonders empfänglich für die menschliche Stimme – dabei aber erst einmal völlig offen für die Feinheiten der Sprachlaute. Innerhalb der ersten Lebensmonate spezialisiert sich das Nervensystem dann immer mehr auf die Besonderheiten der Muttersprache, während andere Lautabstufungen als irrelevant eingeordnet werden – so dass wir diese dann als Erwachsener nicht mehr unterscheiden können. Hier hat also die Evolution eine angeborene Erwartung geformt, und zwar die, dass es Laute in einem gewissen Bereich des Hörbaren gibt, die besonders wichtig für uns sind. Aber erst durch die Konfrontation mit der Lebenswelt, erst im In-Beziehung-Treten mit den Mitmenschen formen sich spezifische und individuelle Erwartungen, die es dem Kind dann ermöglichen, in einem rasenden Tempo die Muttersprache zu erlernen.

Der Gedanke, dass wir die Welt um uns nicht unbedingt genauso wahrnehmen, wie sie «objektiv» ist, sondern dass das Gehirn unsere Wahrnehmung konstruiert, ist keine neue Idee. Im 20. Jahrhundert wurden diese Überlegungen in der philosophischen Strömung des sogenannten Konstruktivismus diskutiert. Doch wir können den Gedanken, dass wir die uns umgebende Welt nicht direkt wahrnehmen, bereits bei griechischen Philosophen der Antike finden, besonders eindeutig in Platons berühmtem Höhlengleichnis, auf das ich oben bereits angespielt habe. Hier beschreibt Sokrates die Situation der Menschen in einem Gleichnis: Sie sitzen ihr Leben lang festgebunden in einer Höhle, und zwar so, dass sie nur die Wand der Höhle, nicht aber den Ausgang sehen können. Hinter ihnen brennt ein Feuer, so dass auf die Wand vor ihnen Schatten geworfen werden. Alles, was die Menschen sehen, sind nur diese Schatten. Da sie ihr Leben lang nichts anderes sehen konnten, glauben sie, dass die Schatten die Wirklichkeit sind, und ahnen nicht, woher sie kommen und wie die Dinge und Lebewesen, die die Schatten hervorrufen, *wirklich* beschaffen sind.

Bei Sokrates ist es die philosophische Bildung, die den Menschen die wahre Beschaffenheit seiner Umgebung erkennen lässt. Vertreter des Konstruktivismus hingegen argumentieren, dass eine vollständige Erkenntnis der Wirklichkeit nicht möglich sei, da wir bereits durch die uns gegebenen Sinnesorgane lediglich einen Bruchteil unserer Umgebung wahrnehmen können – und dieser auch noch auf unbewusster Ebene im Nervensystem vorverarbeitet wird, so dass das, was bei uns im Bewusstsein ankommt, nur ein konstruiertes Abbild der Welt sei. Zwar haben die Menschen unter Zuhilfenahme immer besserer Messmethoden bereits viele Bereiche erkennbar gemacht, die unsere Sinnesorgane nicht wahrnehmen können. So können wir Ultraschall, Infraschall, Ultraviolett und Infrarot messen und veranschaulichen, indem wir diese Signale in Wellenlängen übertragen, die wir wahrnehmen können. Doch machen wir bei diesem Übertragen nicht genau dasselbe, was in Sokrates Höhle geschieht? Wir erzeugen einen Schatten; was wir sehen oder hören, ist nur ein reduziertes Abbild der Wirklichkeit.

Der Idee, dass wir nur ein Konstrukt wahrnehmen und nie die Welt sehen können, *wie sie wirklich ist*, kann man entgegnen, dass unsere Wahrnehmungsorgane ja unser Verständnis der Welt nicht verfälschen. Vielmehr sind sie darauf spezialisiert uns ein möglichst genaues und funktionales Verständnis eben der Aspekte der Welt zu vermitteln, die für uns wichtig und relevant sind. Wir sind auch nicht den Eindrücken, die wir wahrnehmen, passiv ausgeliefert, wie die Höhlenbewohner der Projektionsfläche der Höhlenwand. Im Gegenteil, wir sind immer aktiv und interagieren mit unserer Umwelt und erlangen so erst die Sinneseindrücke. Hier folgt der Konstruktivismus sicherlich der Priorisierung des Sehsinns. Sie legt den Gedanken nahe, uns

würde ein starres Bild präsentiert. Doch bereits dies ist
falsch. Würden unsere Augen einfach starr geradeaus
schauen, würden unsere Lichtrezeptoren sich innerhalb
kürzester Zeit an das hereinkommende Licht gewöhnt
haben und infolgedessen keinerlei neue Informationen
wahrnehmen und an das Gehirn senden. Tatsächlich sind
unsere Augen in ständiger Bewegung, sie vollführen minimale Bewegungen – suchen aktiv die Umgebung ab. Noch
deutlicher wird dieser Punkt, wenn wir uns dem Berührungssinn zuwenden: Wenn wir die Hand einfach flach auf
einen Tisch legen, spüren wir deutlich weniger, als wenn wir
die Hand aktiv hin und her bewegen. Das liegt daran, dass
wir bestimmte Rezeptoren in der Haut haben, die insbesondere auf die Veränderung von Reizen reagieren, bei gleichbleibenden Reizen jedoch aufhören zu feuern.

Wir sind also in unserer Wahrnehmung der Welt *aktiv*.
Man könnte nun trotzdem argumentieren, dass unsere aktiv eingesammelten Wahrnehmungen konstruiert sind und
nicht der wahren Welt «da draußen» entsprechen. Dem
möchte ich entgegen: Was soll denn überhaupt diese «wahre
Welt da draußen» sein? Was als «wahr» bezeichnet wird,
ist meist definiert als «physikalisch messbar». Also beispielsweise die Wellenlänge des Lichts. So wird häufig argumentiert, die Welt hätte ja keine Farbe, diese würde unser Gehirn nur konstruieren, wohingegen es «da draußen in der
Wirklichkeit» nur Wellenlängen gäbe. Dies ist jedoch eine
falsche Gleichsetzung, nämlich des Begriffs «Farbe» mit der
messbaren Größe «Wellenlänge». Das, was ich wahrnehme,
wenn ich grün sehe, ist die Art und Weise, wie mein Körper

die Wellenlänge in eine Wahrnehmung verwandelt. Ein Grün entstammt dabei nicht immer der gleichen Wellen- länge. Bei unterschiedlicher Beleuchtung nehme ich unter- schiedliche Grüntöne wahr. Das wahrgenommene Grün ist eine Kombination der Wellenlänge mit den Wellenlängen der Umgebung, der Lichtintensität und auch mit meinen Vorannahmen über das Objekt, das ich ansehe (die soge- nannte «Farbkonstanz»: Wir sehen eine Banane als gelb, selbst wenn durch eine andere Beleuchtung ihre tatsäch- liche Wellenlänge in einem anderen Bereich liegt – weil wir wissen, dass eine Banane gelb ist).

Eigentlich liegt hier also vor allem ein sprachliches Missverständnis vor: «Grün» bezeichnet meine Wahrneh- mung – und nicht eine bestimmte Wellenlänge. Die Farbe, die wir wahrnehmen, existiert sehr wohl, und zwar in dem Zusammenspiel unserer Farbrezeptoren, unserer farbselek- tiven Neuronen, unserer Erwartungen und dem Licht, das von den Dingen reflektiert wird.[1] Dass diese Farben keine Hirngespinste sind, wird am Beispiel der Insekten deutlich: Die Blütenfarben haben die Funktion, die Insekten zur Blü- tenmitte zu locken. Auf ein vergleichbares Beispiel für den Geruchssinn kam ich kürzlich, als mein Sohn mich fragte, was denn Gestank sei. Gestank unterscheidet sich von gutem Geruch ja nur durch unsere Reaktion darauf, unsere Einordnung dieser Geruchspartikel als «Gestank». Trotz- dem lässt sich die Realität von Gestank nicht leugnen – und zwar einerseits, weil unsere Reaktion auf etwas Stinkendes sehr stark ist, und andererseits, weil der Gestank einen Zweck erfüllt, nämlich uns von möglicherweise gesund-

heitsschädlichen Orten und Dingen fernzuhalten. Insofern
ist dieses Beispiel vielleicht noch deutlicher als das der Farben: Gestank ist real. Wir könnten den Gestank sehr wohl
als eine Größe messen, in Form bestimmter chemischer
Substanzen in der Luft. Doch allein mit einer solchen Messung wäre es unmöglich nachzuweisen, ob diese Partikel für
einen bestimmten Menschen «Gestank» oder «Geruch» bedeuten. Was Gestank ist, entscheidet sich erst in der Wechselwirkung der Moleküle mit uns als Lebewesen. Der Begriff
«Gestank» bezeichnet einen Geruch, den wir als unangenehm empfinden und der uns abstößt, ebenso wie die Wörter «grün», «blau» und «gelb» eine bestimmte Wahrnehmung bezeichnen (und nicht eine bestimmte Wellenlänge).

Illusionen

Besonders eindrücklich und gleichzeitig amüsant verdeut-
lichen visuelle Täuschungen, wie das Gehirn mit Hilfe von
Erwartungen das Gesehene versteht. Auch hier wollen wir
uns auf den Sehsinn konzentrieren, da dessen Illusionen
wortwörtlich besonders anschaulich sind. Viele dieser sogenannten Täuschungen entstammen der Gestaltpsychologie,
die grundlegende Forschung an den Vorgängen der Sinneswahrnehmung betrieben hat. Zu den wichtigsten Erkennt-
nissen der Gestaltpsychologie gehört, dass wir die Dinge in
unserer Umgebung eher in zusammengehörigen Einheiten
als zerlegt in Einzelteile wahrnehmen. Wie die Einzelteile
miteinander kombiniert werden, scheint bestimmten Re-

geln zu folgen: den Gesetzen von Nähe, Ähnlichkeit, Fort-
setzung, Geschlossenheit, von Einfachheit und von Gleich-
zeitigkeit. Das bedeutet zum Beispiel, dass Punkte, die nahe
beieinander sind und sich in die gleiche Richtung bewegen,
als zusammengehörige Gruppe wahrgenommen werden.
Oder dass unsere Wahrnehmungsprozesse unterbrochene
(weil nicht sichtbare) Linien ergänzen, um eine einfache
Gestalt zu formen (siehe S. 56: Die Kanizsa-Illusion, Abbildung 4).

Die von der Gestaltpsychologie identifizierten Gesetze der
Wahrnehmung sind vermutlich deshalb im Laufe der Evolution entstanden, weil sie bestimmte Eigenschaften unserer Lebenswirklichkeit widerspiegeln. Dies lässt sich gut
an einem klassischen Beispiel erläutern: Die sogenannte
Schachbrett-Illusion (Abbildung 1) zeigt einen auf einem
Schachbrett stehenden Zylinder, der einen Schatten wirft.
Das Schachbrett wirkt auf uns weiterhin als ein grau-weiß
kariertes Brett. Doch in Wirklichkeit (und nun meine ich
die Wirklichkeit der physikalischen Messung von Wellenlängen und Lichtintensität) haben Feld A und Feld B den
gleichen Grauton. Selbst, wenn wir dies wissen und uns
wirklich anstrengen, bleibt es unmöglich, dies auch zu *sehen*
(um es doch zu erkennen, muss man einfach das umgebende Bild abdecken). Wie kann das sein?

Natürlich hat diese optische Täuschung etwas mit dem
Schatten zu tun, den der Zylinder wirft, und somit wieder
mit den Erwartungen unseres Nervensystems. Denn es ist
kein wirklicher Schatten vorhanden, es ist ja nur eine Abbildung. Doch aufgrund der Erwartungen unseres visuellen

Abbildung 1: Die Schachbrett-Illusion, ursprünglich veröffentlicht von Edward H. Adelson. Das Quadrat A hat genau den gleichen Grauton wie das Quadrat B.

Systems an die Welt, interpretieren wir das Bild sofort als ein Objekt, das einen Schatten wirft. Wir ergänzen also eine Lichtquelle, die nicht Teil des Bildes ist, es uns aber ermöglicht, die abgebildete Szene zu erkennen und zu verstehen. Dieses Beispiel wird gern als Argument im Sinne des Konstruktivismus angeführt: Man sähe ja nicht, was da auf dem Bild *wirklich* sei, das Gehirn würde eine Illusion erschaffen. Doch das abgedruckte Bild ist selbst eine künstlich erstellte Abbildung. Wären dies ein echtes Schachbrett, ein echter Zylinder und ein echter Schatten, wäre unsere Wahrnehmung richtig. Wir könnten hingehen, den Zylinder wegnehmen und hätten den Beweis: Ein Feld ist weiß und eines schwarz. Würden wir im echten Leben hingegen diese Szene nur basierend auf den Grauwerten der verschiedenen Felder wahrnehmen, wäre unsere Wahrnehmung falsch! Wir wären verwirrt über das Muster auf dem Schachbrett und würden uns beim Verkäufer beschweren, dass dieses Schachbrett eine Fehlkonstruktion sei. Wir könnten bei unregelmäßigen Lichtverhältnissen kein Schach spielen, weil wir nicht mehr wüssten, welche Spielfiguren unsere und welche die des Gegners sind!

Im echten Leben können wir Dinge in ganz verschiedenen Lichtverhältnissen erkennen. Wir erkennen einen Fußball sowohl an einem sonnigen Tag als auch im dämmerigen Abendlicht. Wenn wir einen Fußball aus dem Sonnenlicht in den Schatten schießen, bleibt dieser schwarz-weiß und ändert nicht einfach seine Farbe zu schwarz-grau. Das ist zumindest, was wir wahrnehmen, selbst wenn sich argumentieren lässt, dass dies nicht der Wirklichkeit entspricht. Die Menge von Licht, die absorbiert oder reflektiert wird, ändert sich ja schließlich, wenn sich die Lichtverhältnisse ändern. Der physikalische Reiz, der unsere Netzhaut trifft, ist also eigentlich ein anderer. Das Phänomen, dass wir trotzdem ein kontinuierliches Schachbrettmuster wahrnehmen oder den Fußball erkennen, nennt man «Helligkeitskonstanz». Dies funktioniert nicht nur für Schwarz, Weiß und Grautöne, sondern natürlich auch für farbige Oberflächen. Auch hier ändern sich die Lichtintensität und möglicherweise sogar die Wellenlänge des Lichtreizes, der unsere Netzhaut trifft, je nachdem, wo ein Objekt sich befindet. Und trotzdem erscheint es uns nicht so, als würde eine Banane die Farbe wechseln, wenn wir sie aus der düsteren Küche auf den sonnigen Balkon bringen.

Neben der *Helligkeitskonstanz* hat unser visuelles System noch weitere Erwartungen. Die *Farbkonstanz* ist die bereits beschriebene Erwartung, dass Dinge nicht ihre Farbe ändern. Die *Größenkonstanz* ist die Erwartung, dass Dinge nicht ihre Größe ändern, selbst wenn ihr Abbild auf unserer Netzhaut kleiner wird. Wenn eine Freundin neben uns steht und sich dann langsam entfernt, nehmen wir dies nicht als ein Schrumpfen unserer Freundin wahr, sondern als Sich-Entfernen. Wir könnten hinterherrennen und feststellen, dass die Freundin noch genauso groß ist. Auch diese Erwartung des Gehirns ist also nicht eine Verfälschung der Wirklichkeit, sondern das Gegenteil: Sie trägt dazu bei, die Welt so wahrzunehmen, wie sie ist!

Auch die *Größenkonstanz* ist ein so grundlegender Teil der visuellen Wahrnehmung, dass es kaum möglich ist, sie bewusst abzulegen. Ein gutes Beispiel ist die optische Täuschung in Abbildung 2 (S. 50).

Der vordere Mann wirkt am kleinsten, der hintere unnatürlich groß. Misst man sie aus, stellt man fest, dass sie alle gleich groß sind. Auf dieser Abbildung gibt es nicht einmal viel Hintergrund. Die wenigen Linien, die eine gewisse Perspektive und Szenerie suggerieren, reichen aus, die sogenannte Illusion hervorzurufen. Dies liegt daran, dass das Abbild unserer dreidimensionalen Umgebung auf der Netzhaut zweidimensional ist und unser Gehirn zu bestimmten Tricks greifen muss, um die dritte Dimension, die Tiefe wahrzunehmen. Zwar kann das Gehirn durch das Überein-

Abbildung 2: Optische Täuschung durch Perspektive. Alle drei Männer haben dieselbe Größe.

anderlegen der Einzelbilder, die je eines der Augen sieht, eine gewisse Dreidimensionalität erzeugen. Doch dies funktioniert nur, wenn etwas sich sehr nahe zu unserem Gesicht befindet. Um Tiefe zu erkennen, muss unser Gehirn sich auf bestimmte Hilfsmittel verlassen. Eines der wichtigsten ist die lineare Perspektive: In Wirklichkeit parallel verlaufende Linien erzeugen auf der Retina ein verzerrtes Bild: sie wirken so, als würden sie sich einander immer weiter annähern. Dies gibt uns einen Hinweis auf räumliche Tiefe und ist der Trick, der in Abbildung 2 zu der optischen Täuschung führt. Auch unsere Lebenserfahrung hilft der räumlichen Wahrnehmung: Dadurch, dass wir wissen, wie groß ein Mensch, ein Haus oder ein Baum normalerweise sind, können wir problemlos einschätzen, wo sie sich befinden. Dies geschieht unbewusst, so dass wir es nur bemerken, wenn ein Objekt unerwartet groß oder klein erscheint, wie der letzte Mann in Abbildung 2. Auch bei der Tiefenwahrnehmung kommt wieder unser aktives Zutun, unser Interagieren mit der Welt zum Tragen: Indem wir uns hin- und herbewegen, verschieben sich die gesehenen Objekte zueinander in dem Verhältnis, wie sie vor- und hintereinander liegen – ein weiterer Hinweis für unsere Wahrnehmung, wo sich die Dinge relativ zueinander befinden. Im echten Leben würde sich die Illusion also in Luft auflösen, sobald man sich bewegt. Tatsächlich lässt sich dies ausprobieren, und zwar in einem Raum, der mit schiefem Boden und geschickter Musterung eben diese Illusion entstehen lässt – allerdings nur auf einer Fotografie, wie sie Abbildung 3 von meinen Kindern und mir zeigt (entstanden im Illusionsmuseum in Wien). Wer sich tatsächlich in diesem Raum befindet, ja sogar die Fotograf:innen, erleben die Illusion gar nicht, weil sie die wirkliche Tiefe des Raumes wahrnehmen.

Nicht nur der Sehsinn, sondern auch die anderen Sinne können mit Hilfe geschickter Versuchsanordnungen (oder einfach durch Zufälle) getäuscht werden. So kann zum Beispiel das Gesehene beeinflussen, was wir hören. Hören wir jemanden «ba ba ba» sagen, sehen jedoch die Lippenbewegung von «ga ga ga», hören die meisten Menschen «da da da».[*] Diese «Illusion» zeigt uns, wie das Gehirn verschie-

---

[*] Hier selbst ausprobieren: Englisch mit *da, ba* und *ga*, https://youtube/jtsfidRq2tw; Deutsch mit *ba* und *fa*, https://youtube/3iRSfTANceE

Abbildung 3: Wer ist die oder der Größte. Aufnahmen aus dem Museum der Illusionen, Wien

dene Sinneseindrücke miteinander kombiniert, um daraus dann eine – die wahrscheinlichste – Gesamtwahrnehmung zu bilden.

Unsere Temperaturwahrnehmung lässt sich täuschen, indem man die rechte Hand in eiskaltes Wasser taucht und die linke in heißes – und dann einige Minuten später beide in wohltemperiertes Wasser. Nun spüren die beiden Hände unterschiedliche Wassertemperaturen. Dies zeigt uns, dass unsere Temperaturempfindung nicht wie ein Thermometer funktioniert, sondern dass wir relative Temperaturveränderungen wahrnehmen.

Sogar unsere Körperwahrnehmung lässt sich täuschen. Ein klassisches Beispiel dafür ist die Gummihand-Illusion, die auch vielfach wissenschaftlich genutzt wird. Hierfür werden die Finger einer Gummihand, die vor der Versuchsperson liegt, und die Finger der echten Hand, die verdeckt

neben oder unter der Gummihand liegt, gleichzeitig gestreichelt. Wenn man nun ein, zwei Minuten unverwandt auf
die Gummihand schaut, fühlt es sich an, als wäre die Gummihand die eigene Hand. Es sei angemerkt, dass nicht jeder
Mensch dies erlebt und dass es ein eher subtiles Gefühl ist.
Für mich etwa fühlt es sich nicht so an, als ob die Gummihand *tatsächlich* meine eigene Hand ist, sondern eher, als
ob ich das Gestreichelt-Werden möglicherweise *auch* in der
Gummihand spüre – *als ob* die Gummihand die meine sein
könnte.

Mit einem ähnlichen Trick – am Rücken gestreichelt zu
werden und das gleichzeitig in virtueller Realität oder in

einer Projektion an einem Körper vor sich zu sehen – lässt sich auch eine sogenannte «Out of body»-Illusion hervorrufen, bei der man das Gefühl haben soll, man befinde sich ein, zwei Meter vor dem echten eigenen Körper. Wie gut dies funktioniert, kann ich nicht beurteilen, da ich die Erfahrung noch nicht gemacht habe. Allerdings würde ich vermuten, dass man auch dies eher so erfährt, als hätte man einen zweiten möglichen Körper beziehungsweise einen weiteren Bereich, der zu einem gehört. Denn tatsächlich machen wir solche Erfahrungen der Ausweitung des eigenen Körpers im Alltag ständig! Wenn wir Werkzeuge nutzen, spüren wir die Welt durch diese hindurch. Die Werkzeuge werden zu einer Verlängerung des eigenen Körpers. Wir integrieren sie in unser Körperschema – und zwar erstaunlich schnell, nach kurzer Nutzungszeit. In der Psychologie nennt sich dieses Phänomen «Verkörperung» (engl. *embodiment*). Wenn ich mit einer Schaufel schaufele oder mit einem Besen fege, spüre ich den Boden *am Ende* der Schaufel oder des Besens. Eine Berührung am Ende eines solchen verkörperten Werkzeuges führt auch zu einer Aktivierung im somatosensorischen Kortex, also in der Region im Gehirn, die vor allem für die Verarbeitung von Berührungen *unseres Körpers* zuständig ist![17]

Das Phänomen der verkörperten Gummihand lässt sich also nur dann als Illusion bezeichnen, solange man es als eine solche präsentiert – im Rahmen einer Illusions-Ausstellung oder in der Forschung. Im Alltag verkörpern wir jedoch viel unnatürlichere Objekte als Gummihände oder virtuelle Körper, zum Beispiel diese Metallkästen auf Rädern, in denen wir mit 130 Stundenkilometern herumbrausen. Natürlich gehört das Auto nicht zu unserem Körper. Doch ist es von großem Vorteil für uns, wenn wir es in unser Körperschema einbeziehen. So können wir dieselben neuronalen Mechanismen zur Steuerung nutzen, die auch dafür zuständig sind, unseren Körper zu bewegen und zu spüren. Das Einparken fällt so auf jeden Fall leichter.

Wir erweitern durch die Werkzeugnutzung auch unseren Wirkungsraum – den uns umgebenden Raum, in dem wir Dinge berühren und bewegen können bzw. in dem Dinge uns berühren können. Diesen sogenannten peri-personalen Raum hatte ich anfangs schon erwähnt. Ein weiteres Beispiel, noch alltagsnäher als die Schaufel oder der Besen, ist die Computermaus beziehungsweise unser Computerbildschirm. Wir empfinden ihn als peri-personalen Raum, weil wir durch die Maus auf ihn Zugriff haben. Ob es sich dabei um eine Illusion handelt oder nicht, lässt sich debattieren. Mit der Computermaus kann ich auf dem Bildschirm tatsächlich etwas bewirken. Gleichzeitig befindet sich dieser Bereich aber außerhalb meiner eigentlichen Reichweite und das heißt auch, dass mein Körper nicht mit den Dingen auf dem Bildschirm in Kontakt kommt, beziehungsweise von ihnen keine direkte Bedrohung für meinen Körper ausgeht.

Während der eigentliche peri-personale Raum also einen Bereich um uns markiert, in dem uns auch wortwörtlich etwas zustoßen kann, ist dies in virtuellen Räumen nicht der Fall. Ob diese Einseitigkeit der Verkörperung des virtuellen Raums etwas damit zu tun hat, dass viele Menschen sich

Kanizsa-Quadrat

Abbildung 4: Die Kanizsa-Illusion

dort antisozial benehmen? Was diese Phänomene für Wirkungsräume mit noch größerer Reichweite, etwa durch ferngesteuerte Roboter oder Drohnen, bedeuten, wird sich in naher Zukunft zeigen.

Nicht nur wir Menschen erleben sogenannte Sinnestäuschungen, auch nichtmenschliche Tiere tun dies. Ein wundervolles Beispiel dafür ist die Kanizsa-Illusion, bei der die Kontur eines Vierecks wahrgenommen wird, welche sich nur indirekt aus der Anordnung der angeschnittenen Kreise ergibt (Abbildung 4). Dies sehen nicht nur wir Menschen so, sondern auch Katzen, die sich dann – ihrer Vorliebe für begrenzte Räume entsprechend – in die Mitte des nicht vorhandenen Vierecks setzen.[18]

Auch zahlreichen anderen Tieren wurden bereits visuelle Illusionen präsentiert, darunter Fischen, Vögeln, Affen, Pferden und Delfinen. Die meisten scheinen eine dem Menschen ähnliche Wahrnehmung zu haben, das heißt, die Illusionen auch ähnlich zu sehen. Das ist logisch, schließlich leben wir alle in derselben Lebenswirklichkeit, in der auch in unterschiedlichen Lebensräumen noch die gleichen Naturgesetze wirken (zum Beispiel, dass eine Lichtquelle Schatten hervorruft). Der aktuelle Stand der Forschung besagt, dass sich Vögel am stärksten darin von Menschen unterscheiden, welche der visuellen Illusionen sie wie wahrnehmen.[19] Auch das scheint logisch: Das Leben in der Luft, die Wahrnehmung der Welt als einen nach oben hin ausgedehnten und zugänglichen Raum, erschafft vermutlich eine andere Lebenswirklichkeit als die uns geläufige. Ähnliches lässt sich auch für im Wasser lebende Wesen vermuten; hier ist die Forschungslage noch recht dünn und uneindeutig.

Würden wir die Welt so wahrnehmen, wie sie sich uns in rohen, unverarbeiteten physikalischen Reizen präsentiert, wären wir höchst verwirrt, wenn nicht vollständig handlungsunfähig. Wir könnten Dinge und Mitmenschen nicht mehr identifizieren, müssten die Banane zur Sicherheit noch mal in die Küche bringen, um sie im richtigen Licht als reif auszumachen, müssten Nachbarin Erna direkt von vorne sehen, ihr am besten noch mit der Taschenlampe aus einem bestimmten Winkel ins Gesicht leuchten, um sie zu erkennen, und würden erschrecken, wenn die Katze hinterm Sofa hervorguckt, weil sie wie ein vom Rumpf getrennter, schwebender Kopf erscheint. Dass wir in der Lage sind, die Welt so wahrzunehmen, dass wir uns darin gut orientieren können, zeigt, wie unentbehrlich Erwartungen für unser Verständnis der Welt sind, und zwar sowohl angeborene als auch erlernte Erwartungen. In den folgenden Kapiteln wollen wir uns nun ansehen, wie Erwartungen nicht nur die Wahrnehmungsleistungen unserer Sinnesorgane, sondern auch unsere Gedanken, Gefühle und Verhaltensweisen entscheidend mitbestimmen.

Selektive Wahrnehmung

Um von einer einfachen Sinneswahrnehmung – etwa dem Geruch und Anblick einer Pizza – zu einer komplexen Verhaltensweise – zum Kauf und Verzehr dieser Pizza sowie dem anschließenden schlechten Gewissen – zu gelangen, müssen noch viele weitere Verarbeitungsschritte im Gehirn stattfinden. Diese Verarbeitung wird dabei von Schritt zu Schritt komplexer und spezifischer. Entlang der Hierarchie von einfacher Wahrnehmung bis hin zu komplexer emotionaler Reaktion (dem schlechten Gewissen) findet sich auf der nächsten Stufe die Aufmerksamkeit. Aus unserer Umgebung strömen unaufhörlich Reize auf uns ein: der Lärm der Passanten und des Verkehrs, Gerüche von Imbissbuden und Mülleimern, zufällige Berührungen von Vorbeigehenden, die gesamte, uns sichtbare Szene, die wir durch Umhergehen und Drehen unseres Kopfes noch stark erweitern können. Auch hier stellt sich die Frage: Wie sind wir überhaupt dazu in der Lage, uns in dieser chaotischen Welt zu orientieren?

Die einfache Antwort lautet: Indem wir all das ignorieren, was nicht wichtig ist. Den Straßenlärm, das Gespräch der Passanten, die unzähligen Gerüche. Aber wie entscheidet das Gehirn, was wichtig ist und was nicht? Und wie kann aus dieser chaotischen Suppe von Sinneseindrücken ein bestimmter, nämlich der Geruch der frisch gebackenen Pizza, auf einmal unsere Aufmerksamkeit ergattern, so dass unser Blick auf die Pizza fällt und wir plötzlich Hunger verspüren?

Die meisten dieser Mechanismen laufen völlig unbewusst ab. Keiner von uns beschließt schließlich bewusst jeden Morgen aufs Neue, dass all die Gespräche auf dem Weg zur Arbeit um uns herum unwichtig sind, dass all den Menschen, die sich in der U-Bahn drängeln, keine weitere Aufmerksamkeit geschenkt werden muss, da von ihnen weder Verheißungen noch Bedrohungen ausgehen.

Die Antwort lautet: 1) Unser Gehirn filtert die als unwichtig eingeschätzten Reize heraus, 2) verschiedene wichtige Reize konkurrieren miteinander um unsere Aufmerksamkeit, und 3) das Gehirn passt unsere Empfänglichkeit für bestimmte Sinneseindrücke an unseren aktuellen Zustand an. Welche Reize als unwichtig eingeordnet werden, hängt von der Situation ab, von unseren früheren Erfahrungen und von unserem aktuellen Befinden. Das Herausfiltern kann «vollautomatisch» ablaufen, doch ist es uns ebenso gut möglich, die Kontrolle bewusst zu übernehmen und unsere Aufmerksamkeit gezielt zu steuern. Wie gut das klappt, ist individuell verschieden und außerdem Übungssache.

Zurück zum Pizza-Beispiel: Kommen wir morgens nach einem üppigen Frühstück an der Imbissbude vorbei, wird der Pizza-Geruch und -Anblick kaum unsere Aufmerksamkeit erheischen. Auf dem Heimweg mit leerem Magen jedoch schon. Logisch. Und ein wunderbar klares Beispiel dafür, wie unser eigenes Befinden, der Zustand, in dem sich unser Körper gerade befindet, einen starken Einfluss auf unsere Aufmerksamkeitssteuerung hat. Doch selbst, wenn sich ein so grundlegendes Bedürfnis wie Hunger äußert, kann die äußere Situation einen stärkeren Einfluss haben: Wenn unserer U-Bahn-Anschluss schon auf dem Gleis steht und wir es eilig haben, nach Hause zu kommen, wird selbst ein gewisses Maß an Hunger nicht ausreichen, dass wir der Pizza unsere volle Aufmerksamkeit widmen. Es findet in unserem Kopf und Körper ein kleiner Wettbewerb um unsere Aufmerksamkeit statt: die bald abfahrende U-Bahn gegen den Hunger. Das Bedürfnis nach Hause zu kommen gegen den leeren Magen. Manchmal halten wir vielleicht inne und überlegen: Soll ich nun doch noch schnell die Pizza kaufen und dafür auf die nächste U-Bahn warten? Oft treffen wir solche Entscheidungen mehr oder weniger unbewusst, ohne großes Überlegen und Abwägen.

Wer oder was unsere Aufmerksamkeit ergattert, basiert also bereits auf ziemlich komplizierten Vorgängen im Gehirn, auf einem unbewussten Abwägen dessen, was wichtig ist für uns und was nicht. «Wichtig» bedeutet im einfachsten, evolutionsbiologischen Sinne: gefährlich oder überlebenswichtig. Tiger, essbare Beeren oder ein Partner zur Fortpflanzung. Natürlich sind wir wesentlich komplexere

Wesen, als dass wir ausschließlich und unkontrolliert auf solche Reize reagieren würden. Doch sind diese evolutionsbiologisch alt und insofern fest in uns verankert. Dass wir eben *nicht* immer und instinktiv auf diese Reize reagieren, liegt daran, dass die alten Schaltkreise im Gehirn durch neue ergänzt wurden, die in der Hierarchie weiter oben liegen und die älteren kontrollieren können. Jedoch kann es durchaus passieren, dass die alten «instinktiven» Schaltkreise die Kontrolle übernehmen. Das geschieht manchmal einfach, weil wir müde sind. Besonders stark ist diese Übernahme durch die Instinkte jedoch, wenn wir uns in einer extrem bedrohlichen Situation befinden.

Ein eindrückliches Beispiel für diese «alten Schaltkreise» bezieht sich auf den Hörsinn. Wenn hinter uns ein lauter Knall ertönt, erschrecken wir und wenden uns zu dem Geräusch hin um. Dieses Erschrecken ist eine instinktive Reaktion, wir können sie kaum bewusst unterdrücken. Vom Knall zur Schreckreaktion geht es auch viel zu schnell, man hat gar keine Möglichkeit, bewusst innezuhalten. Das liegt daran, dass bei der Verarbeitung dieses Reflexes nur drei Synapsen beteiligt sind. Synapsen sind die Verbindungstellen zwischen zwei Nervenzellen. Der Hörnerv sendet die Information über den Knall zu den sogenannten Schneckenkernen im Hirnstamm. Diese geben das Signal weiter an Neurone in der Pons, die auch ein Teil des Hirnstamms ist. Diese können nun Motorneurone, also Neurone, die für Bewegungskontrolle zuständig sind, aktivieren – und wir spannen uns an und drehen ruckartig den Kopf in die Richtung, aus der der Knall kam.

Was unsere Aufmerksamkeit hier steuert, ist die angeborene Erwartung, dass ein lauter Knall gefährlich sein könnte und eine schnelle Reaktion erfordert. Selbst wenn wir uns oft «umsonst» erschrecken, scheint diese enge Kopplung von einem lauten Geräusch mit einer bestimmten Bewegung in unserer Entwicklungsgeschichte so vorteilhaft gewesen zu sein, dass sich dieser Reflex erhalten hat.

Meist wird unsere Aufmerksamkeit aber nicht durch Reflexe und Schaltkreise mit nur drei Synapsen gesteuert, sondern durch komplizierte Vorgänge, bei denen das Signal viele Verarbeitungsschritte im Gehirn durchläuft – was uns die Möglichkeit gibt, bewusst Einfluss zu nehmen. Die Aufmerksamkeit kann man sich als eine Art Scheinwerfer vorstellen, die bestimmte Bereiche unseres Sehfeldes erhellt (und natürlich auch das Wahrnehmungsfeld jedes anderen Sinnes). Dabei kann dieser Scheinwerfer entweder ein größeres Feld mit mittlerer Helligkeit beleuchten oder sich auf einen kleinen Bereich und mit Übung auf einen ganz kleinen Punkt hin zusammenziehen, diesen umso stärker erhellen und so den Kontrast zur unbeleuchteten Umgebung vergrößern. Das soll heißen: Wir können eine weite, diffuse Aufmerksamkeit haben. Oder wir können uns auf eine bestimmte Sache, eine Person, eine Aktivität so stark konzentrieren, dass wir alles darum herum vergessen. Letzteres wird manchmal als «Flow-State» bezeichnet.

Auch diese Fähigkeit, die Breite unserer Aufmerksamkeit bewusst oder unbewusst zu verändern, verdanken wir wohl unseren Vorfahren. Schon zu Jäger-und-Sammler-Zeiten war eine solche Aufmerksamkeitskontrolle überlebenswichtig. Wer auf der Jagd ist, sollte seine ganze Aufmerksamkeit auf das Ziel richten. Diesen starken mentalen Fokus können wir genauso bei Raubtieren beobachten, zum Beispiel bei Katzen, die eine winzige Bewegung erspäht haben und nun mit ungebrochener Konzentration auf dieselbe Stelle starren. Doch auch ein weiterer, diffuserer Fokus war für unsere Vorfahren bei der Nahrungssuche wichtig: Wer auf die Jagd oder auf die Suche nach Beeren, Nüssen oder anderen essbaren Pflanzen geht, muss zuerst die Beute finden. Hier rentiert sich die Fähigkeit, die Aufmerksamkeit zu weiten, unsere Umgebung als ein großes Ganzes wahrzunehmen. Trotzdem ist eine solche Art der Aufmerksamkeit immer noch gezielt. Wir kennen das auch aus unserem alltäglichen Leben, wenn wir auf Nahrungssuche im Supermarkt sind. Wissen wir nicht, in welchem Gang sich das Lieblingsmüsli befindet, gehen wir mit einer geweiteten Wahrnehmung durch den Supermarkt, aber eben doch zielgerichtet, auf der Suche nach etwas Bestimmten. Wir ignorieren alle anderen Lebensmittel und halten unsere Wahrnehmung gezielt offen für diese bestimmte Müslischachtel. In dieser Situation ist unser Gehirn in der Lage, in Windeseile alle unwichtigen Eindrücke durchzugehen und auszublenden und die Regale geschwind und gezielt nach dieser einen uns wohlbekannten Verpackung abzusuchen.

Eine noch weitere Form der Aufmerksamkeit ist die völlig unfokussierte Wahrnehmung, bei der wir eine Situation, eine Szene einfach auf uns wirken lassen. Doch dies ist gar nicht so einfach. Selbst beim genussvollen Betrachten eines Sonnenuntergangs am Strand klammert sich der Blick leicht an Details, wir betrachten etwa die Wellen oder die Wolken genauer. Oder wir schweifen in Gedanken ab, tagträumen, planen den nächsten Tag oder ein bevorstehendes Gespräch auf der Arbeit. Den Zustand einer weiten, möglichst unfokussierten Aufmerksamkeit über eine längere Zeitdauer zu halten, ist erstaunlich schwer. Menschen, die bestimmte Formen von Meditation praktizieren, üben dies über viele Jahre.

Wenn wir uns auf etwas Bestimmtes konzentrieren, entgehen uns oft Ereignisse in der Peripherie unserer Aufmerksamkeit. Ein klassisches Beispiel ist der sogenannte Cocktailparty-Effekt: unsere Fähigkeit, bei einer lauten Party ein Gespräch mit nur einer Person zu führen und dabei unser Gegenüber trotz all der anderen Gespräche um uns herum zu verstehen.[*] Wie gut das allerdings tatsächlich funktioniert, hängt auch davon ab, wie interessant das Thema und unsere Gesprächspartner:innen sind, und ob nicht möglicherweise hinter uns jemand gerade ein hochbrisantes Gerücht verbreitet.

Dabei spielt noch ein weiteres Phänomen mit: Unser Gehirn misst der menschlichen Stimme besonders viel Bedeutung bei. Wir haben eine – vermutlich angeborene – Vorliebe für menschliche Stimmen (ebenso übrigens für menschliche Gesichter). Verschiedene Studien konnten zeigen, dass das Gehirn der menschlichen Stimme sozusagen

---

[*] Ein anderes schönes Beispiel dieser selektiven Aufmerksamkeit, das ich nicht weiter beschreiben möchte, um keinem den Spaß damit zu verderben, findet sich hier: https://www.youtube.com/watch?v=vJG698U2Mvo

Vorfahrt gewährt gegenüber allen anderen Geräuschen.[20] Bereits nach 164 Millisekunden reagiert das Gehirn anders auf eine menschliche Stimme als etwa auf ein Vogelzwitschern.[21] Noch früher, schon nach 70 Millisekunden, unterscheidet das Gehirn, ob ein Geräusch von einem lebendigen Auslöser oder einem nichtlebendigen Auslöser stammt, ob es sich zum Beispiel um ein Miauen oder eine Fahrradklingel handelt.[22]

Dies zeigt uns erneut, wie schnell unser Gehirn einen Sinnesreiz vorverarbeitet. Bereits nach Millisekunden wird etwas Gehörtes klassifiziert als lebendig oder nicht, wenig später als menschlich oder nicht und so weiter. Inwiefern diese Fähigkeit bereits genetisch festgelegt ist oder ob wir dies allein durch Erfahrung lernen, ist noch unklar. Zwar lassen sich bereits im Gehirn von Babys Unterschiede in der Aktivität für menschliche Stimmen und andere Geräusche messen[23] – doch die Vorliebe für die menschliche Stimme könnte auch bereits durch Erfahrungen im Mutterleib entstanden sein. Vermutlich handelt es sich hier, wie meistens, um eine Kombination beider Faktoren. So konnte eine Studie zeigen, dass bei Frühchen der auditorische Kortex besonders plastisch reagierte, wenn den Babys typische Laute aus dem Mutterleib vorgespielt wurden – die Stimme der Mutter und ihr Herzschlag.[24] Es scheint, dass der auditorische Kortex in dieser Entwicklungsphase besonders empfänglich für genau diese Laute ist, was genetisch angelegt sein könnte. Hört das Baby nun die Stimme der Mutter, verstärkt sich dieser Effekt, es wird also umso sensibler im Erkennen der Stimme der Mutter.

Das Gleiche gilt, wie bereits erwähnt, auch für den Sehsinn. Betrachten wir ein großes, chaotisches Bild, auf dem
irgendwo ein menschliches Gesicht zu sehen ist, werden die
meisten von uns dieses sehr schnell entdecken und ihm
dann ihre Aufmerksamkeit zuwenden. Diese Vorliebe für
menschliche Gesichter geht so weit, dass wir Gesichter sehen, wo gar keine sind. Im Toast, in den Wolken, im Mond
oder in sonst irgendwie gesichtartig angeordneten Gegenständen. Diese Tendenz nennt sich «Pareidolie». Während
dies ursprünglich in der psychiatrischen Forschung als eine
Art Fehlfunktion angesehen wurde, gilt es heute als nor-
male menschliche Eigenschaft. Das Gehirn ist ein hocheffi-
zienter Gesichtsdetektor. Auch dies lässt sich wieder evolutionsbiologisch erklären: Über das Gesicht erreichen uns
viele Informationen, wir können an kleinsten Veränderungen im Gesicht unseres Gegenübers erkennen, ob dieses
uns wohlgesinnt oder uns gegenüber feindlich gestimmt ist.

Vorannahmen, Neugierde und Überraschung

Wenn wir eine einfache Landschaftsszene betrachten, in
der sich plötzlich etwas bewegt, können wir in Sekundenschnelle identifizieren, ob es sich um ein Tier oder ein Objekt handelt, das zum Beispiel durch den Wind bewegt wird.
Dies funktioniert auch, wenn wir das Tier gar nicht richtig
erkennen können, allein die Art der Bewegung reicht aus.
Schlängelt sich etwas durchs hohe Gras, so dass wir den
Verursacher nicht sehen, sondern lediglich die Bewegung

der Grashalme, erkennen wir mit Leichtigkeit, dass es sich um ein Tier handelt und dass nicht der Wind das Gras bewegt. Dieses Phänomen lässt sich experimentell so ausreizen, dass lediglich einige Punkte nötig sind, die sich in einer bestimmten Art und Weise bewegen, damit wir einen Menschen oder ein Tier identifizieren können.[*] Diese sogenannte biologische Bewegung ist eine Art von Bewegung, die dazu führt, dass wir das sich bewegende Objekt als lebendig identifizieren.

Sobald sich irgendein Objekt in einer Art und Weise bewegt, die unser Gehirn als «biologische Bewegung» einstuft, weisen wir diesem Objekt auch Absichten zu. Ein schönes Beispiel hierfür ist eine Studie der Psychologen Fritz Heider und Marianne Simmel aus dem Jahr 1944.[25] Hier betrachten die Versuchspersonen einen Kurzfilm, in dem zwei Dreiecke und ein Kreis auftauchen und sich bewegen.[**] Danach sollen sie beschreiben, was in dem Film passiert. Von den 34 Teilnehmer:innen beschrieben 33 die Ereignisse des Kurzfilms, indem sie die Dreiecke und den Kreis als Personen oder Tiere interpretierten. Den geometrischen Figuren wurden Absichten und Handlungen zugeschrieben: «Das große Dreieck ärgert das kleine Dreieck. Der Kreis versucht, sich zu verstecken. Das kleine Dreieck versucht zu helfen.» Diese Beobachtung führte zur Begründung der sogenannten Attributionstheorie, einer Richtung in der psy-

---

[*] https://www.youtube.com/watch?v=wG_U5m4FShs; https://www.youtube.com/watch?v=rEVB6kW9p6k
[**] https://www.youtube.com/watch?v=VTNmLt7QX8E

chologischen Forschung, die untersucht, wie Menschen Erklärungen für Ereignisse und Verhaltensweisen entwickeln.
Doch die einfachste Interpretation dieser Beobachtung ist,
dass unser Gehirn gewisse Erwartungen an unsere Umwelt
hat, und zwar derart, dass sich dort lebendige Wesen befinden, die Absichten haben und daher bestimmte Handlungen
ausführen. Die Fähigkeit, diese anderen Lebewesen zu identifizieren und ihre Absichten zu erkennen, ist überlebenswichtig – nicht nur für uns Menschen, sondern für alle Tiere, die
Teil des Systems Fressen-und-Gefressenwerden sind.

Dies bringt uns zum Konzept der «Priors». Dieser englische Begriff entspricht in etwa dem deutschen Wort
«Vorannahme». Er kommt vom lateinischen *a priori* und
beschreibt etwas, das schon vorher dagewesen ist. In Zusammenhang mit dem menschlichen Gehirn und unserer
Wahrnehmung ist ein Prior also eine Art Veranlagung. Wie
wichtig diese Priors für unsere Wahrnehmung sind, sollte
bereits klar geworden sein. Viele der Erwartungen, die unsere
Wahrnehmung formen, sind bereits vorhandene Anlagen
unserer Sinnesorgane. Einige dieser Priors werden in der
frühen Kindheit erlernt oder zumindest gefestigt. Für manche Priors gibt es sensible Phasen, wie zum Beispiel bei
Gänseküken, die einem Lebewesen oder auch Objekt folgen, als wäre es ihre Mutter, wenn sie es zu einem ganz
bestimmten Zeitpunkt in ihrem Leben sehen. Das nennt
man «Prägung». Das klassische Experiment hierzu stammt
von Konrad Lorenz, der zeigen konnte, dass Gänseküken
ihm folgen, wenn sie ihn in einem Zeitfenster von einer
Stunde bis ungefähr zwölf Stunden nach dem Schlüpfen

sahen.[26] Hier ist also das Nervensystem zu einem bestimmten Entwicklungszeitpunkt in einem Bereitschaftszustand,
einen Prior zu formen. Man könnte auch den Bereitschaftszustand als den tatsächlichen Prior bezeichnen: im Falle der
Gänse also die erhöhte Bereitschaft, etwas sich Bewegendes,
das kurz nach dem Schlüpfen wahrgenommen wird, als
Mutter zu identifizieren. An diesem Beispiel zeigt sich die
Komplexität des Zusammenspiels von genetischer Veranlagung und Umwelteinflüssen.

Ob unsere Neigungen, von bestimmten Bewegungen auf
ein Lebewesen zu schließen oder Gesichtern besonders viel
Aufmerksamkeit zu schenken, nun rein genetische Veran-
lagungen sind oder zusätzlich durch Umwelteinflüsse und
Erfahrungen in früher Kindheit geformt werden, ist experimentell schwer festzustellen. Schließlich könnte man ein
Kind schlecht ohne diese Erfahrungen aufwachsen lassen,
um zu sehen, ob es als Erwachsener dann dieselben Neigungen zeigt. Studien mit Neugeborenen zeigen immerhin,[27] dass bereits zwei Tage alte Babys ein größeres Interesse
an biologischen Bewegungen als an anderen Bewegungen
zeigen.[28] Auch in dieser Studie wurden lediglich Punkte genutzt, die sich nach dem Zufallsprinzip in einer Art und
Weise bewegten, dass sie ein Lebewesen (ein laufendes
Huhn) suggerierten oder eine andere Bewegung. Ein Erkennen von Lebendigkeit anhand von Bewegungsformen
scheint uns also angeboren zu sein und ist somit ein richtiger Prior – eine vorhandene Veranlagung.

Interessanterweise ist diese Idee der Priors schon sehr alt.
Der antike Philosoph Platon beschrieb in seiner Ideenlehre,

dass von Objekten und auch abstrakten Konzepten «Ideen» existieren, sozusagen Urformen. Es gibt also zum Beispiel die «Idee» des Dreiecks, etwas, das wir nicht wahrnehmen können, ein metaphysisches Konzept, sozusagen das perfekte Dreieck, die Mutter aller Dreiecke. Und dann gibt es die Dreiecke, die wir wahrnehmen, die wir zeichnen und die wir basteln können. Diese alle sind Abbilder oder Verdinglichungen der Idee *Dreieck*. Ebenso kann es solche platonischen Ideen für abstraktere Konzepte geben, zum Beispiel «das Schöne» oder «das Gute». Wir können diese platonischen Ideen mit dem neurobiologischen Konzept der Priors vergleichen: Unsere Wahrnehmungsorgane und auch unsere höheren kognitiven Fähigkeiten, kurz: unser Körper und unser Nervensystem, verfügen über bestimmte Anlagen, welche uns die Wahrnehmung bestimmter Objekte, Wesen, Eigenschaften und Umstände erleichtern oder überhaupt erst ermöglichen. Dabei gibt es sicherlich Abstufungen. Dass alle Menschen die gleichen Priors für «das Schöne» haben, kann man bestreiten. Doch zeigen sich zumindest gewisse Präferenzen in dem, was wir als schön ansehen; beispielsweise bevorzugen die meisten Menschen Symmetrie.

Zudem gibt es einige Wahrnehmungen, die fast alle Menschen als schön oder angenehm beschreiben würden: beispielsweise von einer geliebten Person gestreichelt zu werden, sich an einem Feuer zu wärmen, in der Sonne zu sitzen, eine warme Mahlzeit im Bauch zu spüren, Wind- oder Meeresrauschen zu hören, Feuerwerke, Sonnenuntergänge oder den Sternenhimmel zu betrachten. Könnte es nicht also doch sein, dass wir gewisse Priors haben dafür, was schön und angenehm, was für uns erstrebenswert ist? Man könnte vielleicht erwidern: Wärme, ein voller Magen und Gestrei-chelt-Werden fühlen sich halt gut an. Der Umstand, dass die Wahrnehmung des physikalischen Reizes «Wärme» – das Aktivieren der Wärmerezeptoren in unserer Haut – zu einem Gefühl von Genuss führt, ist aber ganz und gar nicht selbstverständlich. Weshalb sollte Wärme mit einem woh-ligen Gefühl einhergehen? Weil – so könnten wir argumen-tieren – Wärme wichtig für den Organismus ist: Wir sollten uns nicht verkühlen, das ist ungesund. Und vielleicht ist genau das auch der Grund dafür, dass Wärme *a priori*, also von vorneherein, als angenehm wahrgenommen wird. Man könnte sogar so weit gehen zu behaupten, das Empfinden von Genuss sei ein Trick der Natur, mit dem sie uns moti-viert, Nähe zu Wärmequellen zu suchen.

Schwieriger ist das Beispiel des Feuerwerks oder des Son-nenuntergangs. Weshalb gefällt ein Feuerwerk den Men-schen? Ein Erklärungsansatz ist, dass wir eine angeborene Präferenz haben für alles, das glitzert. Das mag zunächst seltsam klingen, ergibt aber Sinn, wenn wir der evolutions-biologischen Argumentation folgen: In der Natur glitzert es nicht so häufig. Glitzert es irgendwo, dann wahrscheinlich, weil dort Wasser ist, welches das Licht reflektiert und sich bewegt. Die Fähigkeit, fließendes Wasser zu finden, muss für unsere Jäger-und-Sammler-Vorfahren überlebenswich-tig gewesen sein. Wenn also alles, was glitzert, in Sekunden-schnelle unsere Aufmerksamkeit erregt und uns anzieht – uns gefällt –, dann erhöht dies die Wahrscheinlichkeit, Wasser zu finden.

Auch bei der Frage, ob gewisse Priors angeboren sind, lohnt sich der Blick auf die Säuglingsforschung. Babys unter einem Jahr zeigen beispielsweise Erwartungen an Melodien und können verschiedene Rhythmen unterscheiden.[29] Auch scheinen Babys Pausen in einer Melodie zu ganz bestimmten Zeitpunkten zu bevorzugen, was dafür spricht, dass es ein angeborenes Empfinden für wohlklingende Melodien gibt. Ähnliche Effekte konnten auch gezeigt werden, wenn Babys Musik aus einem anderen Kulturkreis vorgespielt wurde. Ihre Präferenzen entsprachen denen von Erwachsenen aus der entsprechenden Kultur. Zudem scheinen Babys ein angeborenes Gefühl für Rhythmus zu haben. Sie zeigen schon früh rhythmische Bewegungen – und sie passen diese an ihre Erfahrungen an. Erleben Babys, wenn sie am Körper eines Elternteils getragen werden, einen schnellen Rhythmus, werden auch ihre selbst-produzierten rhythmischen Bewegungen schneller – und umgekehrt.[30]

***

Bisher habe ich argumentiert, dass unser Gehirn die Wahrnehmungen den Erwartungen entsprechend ordnet, ja dass die Erwartungen die Wahrnehmungen formen. Wäre dies jedoch ein starres Gesetz, könnten wir gar nichts Neuartiges und Unerwartetes wahrnehmen. Zwar versucht unser Gehirn, alles, was wir wahrnehmen, in uns bekannte Formen zu pressen und innerhalb dieser zu charakterisieren und zu verstehen. Gelingt dies nicht, dann wenden wir dem neuartigen Reiz besonders viel Aufmerksamkeit zu, interessieren uns besonders stark für ihn. Denn das Vorhanden-sein eines unerwarteten Sinneseindrucks bedeutet: Unser Modell der Welt ist noch nicht vollständig ausgearbeitet. So schaffen es neuartige Erfahrungen, unsere zukünftigen Vor-hersagen und Erwartungen zu präzisieren. Das mag auch der Grund dafür sein, dass gerade provokante Kunst, die mit unseren Vorstellungen von Ästhetik bricht, so viel Auf-merksamkeit erzielt.

Umgekehrt genießen wir häufig auch einfache Kunst-formen, die haargenau unseren Erwartungen entsprechen, zum Beispiel einfache, uns wohlbekannte Musikformen mit vorhersagbaren Melodien wie in der Popmusik. Dies muss kein Widerspruch sein: Bekanntes gibt uns Ruhe und Halt. Zuviel Neuartiges und Unvorhersagbares hingegen bringt uns durcheinander, auch wenn es neue Perspektiven gene-riert. Es kommt also auf die Mischung an: Eine gute Ba-lance aus Erwartetem und Überraschendem erweckt Ge-nuss. Das lässt sich beispielsweise für Musik zeigen, wo Hörer:innen Momente von unerwarteten Klängen in einer insgesamt vorhersagbaren Melodie als besonders angenehm empfinden – oder auch umgekehrt: erwartete Harmonien in einem unvorhersagbaren Teil der Melodie.[31]

Natürlich gibt es individuelle Unterschiede darin, wie neugierig wir sind – und somit auch darin, wie viele neu-artige Erlebnisse unser Gehirn nutzen kann, um sein Welt-modell zu verbessern. Wo die optimale Balance zwischen neuen Herausforderungen und dem Alt-Gewohnten liegt, muss jeder für sich selbst herausfinden. Denn zu viele neu-artige Erfahrungen werfen das Modell durcheinander, was zu Stress und möglicherweise zu Problemen führt, die durch eine fehlerhafte Anpassung entstehen.

Wie das mit der Modellbildung, der Neugierde, den Erwartungen und den Überraschungen abläuft, hat der Psychologe Karl Friston in mathematischen Modellen beschrieben. Ich habe bereits einen wichtigen Bestandteil seiner Theorie dargestellt: das Gehirn als ein Organ, das beständig auf der Suche ist nach der besten Erklärung für die Wahrnehmungen, die es durch die verschiedenen Sinnesorgane vermittelt bekommt. Darauf basierend versucht es, die bestmöglichen Vorhersagen zu treffen.[32] Um das beste Modell der Welt zu bilden, muss das Gehirn zudem entscheiden, welche Informationen es einsammeln sollte und welche überhaupt verlässlich sind. Hat das Gehirn ein Modell der Welt gebildet, versucht es möglichst viele Informationen zu sammeln, die dieses Modell stützen und präziser machen. Es versucht auch, alle Sinneseindrücke diesem Modell anzupassen. Anders gesagt, unser Gehirn versucht, den Unterschied zwischen den Vorhersagen seines Weltmodells und den eintreffenden Sinneseindrücken so gering wie möglich zu halten. Den Unterschied zwischen dem Modell der Welt in unserem Kopf und dem, was wir dann tatsächlich wahrnehmen, bezeichnet Friston als «Überraschung».

Es gilt, die Überraschung zu verringern. Dafür hat das Gehirn zwei Möglichkeiten: Es kann seine Erwartungen und Vorhersagen, also sein Modell anpassen – oder es kann durch aktives Handeln versuchen, die Welt beziehungsweise die Wahrnehmungen zu verändern, so dass sie mit dem inneren Modell übereinstimmen. Wir können unsere Erwartungen und unser Weltbild anpassen oder wir können versuchen, durch Handlungen die Ereignisse und unsere Wahrnehmung zu ändern.

Das Regulationsprinzip – geteilte Wirklichkeit

Mehrfach habe ich bereits darauf hingewiesen, dass wir unser Gehirn nur als Bestandteil des Körpers verstehen können – doch selbst diese Aussage greift noch zu kurz. Denn die bislang beschriebenen Fähigkeiten und Funktionen entwickeln sich immer in unserer mit anderen Menschen geteilten Lebenswelt. Im alltäglichen Leben genügt es nicht, ein Modell der Welt zu erschaffen und auf der Basis persönlicher Sinneseindrücke zu optimieren, sondern wir müssen immer in sozialem Miteinander einen Konsens finden.

Insofern hat die geteilte Wirklichkeit auch Erkenntnisfunktion, und zwar von Anfang an: Bereits während seiner Entstehung existiert das Gehirn nicht in Isolation, sondern im Mutterleib. Das bedeutet, die ersten Aufgaben des Gehirns in der Regulation von Körperfunktionen des Embryos sind nicht ausschließlich auf den eigenen Körper bezogen, sondern müssen und können bereits einen anderen Menschen, einen anderen Körper wahrnehmen und einbeziehen. Bereits in der 14. Woche berühren Embryonen nicht nur gezielt den eigenen Körper, sondern auch die Uteruswand – und falls vorhanden bevorzugt einen Zwilling![33] Es konnte gezeigt werden, dass beim Berühren des Zwillings die Bewegungen langsamer ausfielen und länger andauerten als beim Berühren der Uteruswand. Außerdem muss die Regulation des embryonalen Stoffwechsels den der Mutter mit einbeziehen und wird durch ihn beeinflusst. So kann beispielsweise das Stresserleben der Mutter während der Schwangerschaft die Entwicklung des Stresssystems beim Embryo verändern[34] und ihre Ernährung die Reaktion des Babys auf neue Geschmackseindrücke beeinflussen.[35]

Auch nach der Geburt bildet der neugeborene Mensch sein Weltmodell nicht unabhängig, sondern im ständigen Dialog mit den anderen. Dafür ein Beispiel: Mein damals zweijähriger Sohn sah im Bus einen großen weißen Hund und murmelte völlig überzeugt vor sich hin: «ein Eisbär». Der Eisbär stieg dann gemeinsam mit Besitzer aus dem Bus aus, so dass es eigentlich keine weitere Möglichkeit gab, diese Wahrnehmung zu korrigieren. Sicherlich hätte mein Sohn aufgrund seiner alltäglichen Erfahrung irgendwann gelernt, dass man mit der allerhöchsten Wahrscheinlichkeit in einem Bus nur weiße Hunde und keine Eisbären sieht. Doch im Dialog konnte ich ihm diese Erkenntnis direkt vermitteln.

Diese geteilte Erkenntnisfunktion des sozialen Miteinanders erfahren wir auch als Erwachsene weiterhin häufig, insbesondere immer dann, wenn unsere eigene Wahrnehmung undeutlich und verschwommen ist. Kann man zum Beispiel in der Ferne etwas nicht eindeutig erkennen, fragt man einen Mitmenschen: «Sagen Sie mal, sehen Sie das auch? Ist das dort ein Adler?» Das gilt genauso für die anderen Sinnesfunktionen. Wenn aber bereits die einfachen Wahrnehmungsfähigkeiten, das Erkennen von Gegenständen oder Verstehen von Wörtern, in ihrer Entwicklung und in ihrem alltäglichen Vorkommen grundsätzlich soziale, zwischenmenschliche Fähigkeiten sind, wie vielfach sozialer und komplexer müssen dann alle höheren Fähigkeiten des Menschen sein?! Der nächste Schritt nach dem Wahrnehmen, Erkennen und Benennen ist die Interpretation oder emotionale Reaktion auf ein Ereignis. Auch hier wird die zwischenmenschliche Komponente besonders deutlich in der Eltern-Kind-Interaktion: Wenn etwa ein Kind hinfällt und erst einmal fragend nach den Eltern schaut – um dann entweder weiterzulaufen oder in Geschrei auszubrechen, je nachdem ob das elterliche Gesicht aufmunternd lächelt oder erschrocken dreinblickt.

Noch als Erwachsene sind wir aber weit davon entfernt, selbstständig und unabhängig von anderen unsere eigene Meinung zu formen. In mindestens ebenso großem Ausmaß beeinflusst die Weltsicht der anderen uns ein Leben lang. Wir verstehen die Dinge und Ereignisse um uns herum, aber auch unsere innere Gedanken- und Gefühlswelt immer in Bezug zu unseren Mitmenschen. Dies muss nicht heißen, dass wir deren Interpretationen einfach übernehmen. Oft bedeutet es sogar das Gegenteil: Wir sind erst recht für etwas, desto stärker jemand anders dagegen ist. Selbst wer als Einsiedler lebt, führt einen inneren Dialog – oder einen äußeren und spricht statt mit Menschen eben mit Tieren, mit der Natur oder mit Gott.

Wenn wir also der Theorie folgen wollen, dass das Gehirn ein Modell der Welt erstellt, anhand dessen es vorhersagt, welche Wahrnehmungen und Ereignisse in unserer Umgebung am wahrscheinlichsten sind, dann kann dies kein isoliertes Modell sein. Vielmehr steht es ununterbrochen in Bezug zu anderen Menschen und bindet deren Wahrnehmungen, Interpretationen und Emotionen in die eigenen ein, passt sich an andere an oder setzt sich von ihnen ab, korrigiert dabei eigene Fehlwahrnehmungen oder Fehlinterpretationen. So ist die Erkenntnis der Welt eigentlich viel mehr im zwischenmenschlichen Raum als im einzelnen Gehirn anzusiedeln.

Teil 2

Wie unsere Erwartungen unser Verhalten beeinflussen

Placebo und Nocebo

Mein jüngerer Sohn ist ein richtiger Rabauke und fällt ständig hin. Meistens zum Nachteil der Knie, die er sich alle paar Wochen aufreißt. Das tut weh, er weint, wir Eltern trösten und streicheln und pusten. Zum endgültigen Beenden des Weinens führt aber meistens das Aufkleben eines Pflasters. Und das, obwohl das Pflaster eigentlich nicht den Schmerz verringern kann (das klappt vielleicht bei einem Schnitt im Finger, nicht bei aufgeschürften Knien). Trotzdem: Das Pflaster beendet das Weinen. Sobald es auf dem Knie klebt, kann er sich einer anderen Aktivität zuwenden. Ist jedoch kein Pflaster zur Hand, wird deutlich länger geweint. Ob das Pflaster also doch den Schmerz irgendwie verschwinden lassen kann? Hat das Pflaster einen Placebo-Effekt?

Placebo und Nocebo sind die wohl eindrücklichsten Belege dafür, dass unsere Erwartungen unser Empfinden, unsere Reaktionen und unser Verhalten beeinflussen können. Der Begriff «Placebo» wird den meisten bekannt sein. Normalerweise bezeichnet man damit ein wirkstoffloses

Medikament, das dann aber aufgrund der Erwartung des Patienten tatsächlich eine – messbare – Wirkung entfaltet. Der Begriff «Nocebo» beschreibt den gegenteiligen Effekt: Wenn ein eigentlich wirkstoffloses Mittel Schmerzen oder Nebenwirkungen hervorruft oder verstärkt, eben weil diese erwartet werden.

Die meisten von uns denken bei dem Wort Placebo an wirkstofflose Pillen oder Globuli, die winzigen homöopathischen Kügelchen mit verschwindend geringem Wirkstoffanteil. Es müssen aber nicht Tropfen oder Pillen sein, Placebo-Effekte lassen sich auch mit anderen Mitteln hervorrufen, wie das Beispiel mit dem Pflaster-Ritual zeigt. Wenn das Aufkleben eines Pflasters den Schmerz tatsächlich lindert, kann man sich vorstellen, dass auch andere, eindrucksvollere Rituale einen Placebo-Effekt hervorrufen können, zum Beispiel ein schamanisches Heilungsritual – oder sogar eine Placebo-Operation. In der Tat konnten Studien den Erfolg belegen: Placebo-Operationen können in manchen Fällen genauso gut helfen wie echte Operationen! Bei Arthrose im Knie wird beispielsweise in einer Operation geschädigtes Knochen- und Knorpelmaterial entfernt, was die Schmerzen lindern und das Knie wieder funktionsfähiger machen soll. Doch wurden stattdessen nur ein Einschnitt und eine Simulation des Vorgangs durchgeführt, zeigte sich eine ebensolche Verbesserung der Symptome![36]

Der Grund, dass derartige Studien als ethisch vertretbar angesehen werden, liegt vor allem im Kosten-Nutzen-Verhältnis. Denn das Ziel der Studie war, zu untersuchen, ob die richtige Operation, also das Entfernen des geschädigten

Knochenmaterials, tatsächlich eine Wirkung hatte. Hierfür durchliefen die Patient:innen in der Kontrollgruppe alle weiteren Vorgänge, die im Zusammenhang mit der Operation stattfinden: die Gespräche mit Chirurg:innen, die Vor- und Nachsorge, eventuell eine Reha. So kann man den Effekt der tatsächlichen Operation isolieren. Und wenn sich zeigt, dass die Wirkung vergleichbar mit der Placebo-Gruppe ist, können in Zukunft unnötige Operationen unterlassen werden. Eigentlich bräuchte man aber eine weitere Kontrollgruppe, die keinerlei Intervention erfährt. Denn nur so können wir erfahren, ob die Verbesserung der Symptome auf die Placebo-Operation oder einfach auf eine Verbesserung über die Zeit hinweg zurückzuführen ist. Der Einsatz von Placebo-Kontrollen ist sehr wichtig in der medizinischen Forschung, um die Wirksamkeit von Medikamenten nachzuweisen. Doch auch die Wirkung von echten Mitteln, also von denen mit aktiven Inhaltsstoffen, wird durch die Erwartungen des Patienten verstärkt.

Der Nocebo-Effekt ist mindestens genauso wichtig wie der Placebo-Effekt. Man denke nur an all die oft schlimmen Nebenwirkungen, die in Beipackzetteln aufgelistet sind und die man als informierter Patient natürlich alle zur Kenntnis genommen hat. Hier steckt man in der Klemme: Zwar sollte man sich informieren und Bescheid wissen, auf welche Körperreaktionen zu achten ist, da diese mögliche Nebenwirkungen anzeigen könnten. Doch gerade die Information und auch die verstärkte Aufmerksamkeit auf mögliche ungewöhnliche Reaktionen des eigenen Körpers könnten einen Fall von Nocebo-Nebenwirkungen hervorrufen, also die Wahrscheinlichkeit des Auftretens einer Nebenwirkung verstärken. Auch beim Nocebo handelt es sich also nicht ausschließlich um Effekte, die durch wirkstofflose Mittel hervorgerufen werden, sondern ebenfalls um eine mögliche Verstärkung von Symptomen aufgrund von Erwartungen.

Der Placebo-Effekt taucht immer wieder im öffentlichen Diskurs auf. Im Hinblick auf die Homöopathie, aber auch auf Wunderheiler und Schamane wird der Placebo-Effekt meist als etwas Negatives diskutiert, im Sinne von: «Das ist ja gar keine Wirkung, sondern *nur* ein Placebo-Effekt». Doch vielleicht sollte man den Placebo-Effekt nicht als einen ungewollten oder zufälligen Nebeneffekt abtun. Denn wenn er eine messbare Wirkung hat, geschieht etwas im Körper, eine physiologische oder psychologische Verbesserung tritt ein – und das ist ja schließlich, was man sich von einer medizinischen Behandlung erhofft. Dies soll nicht bedeuten, dass wir Medikamente mit nachweislich aktiven Wirkstoffen durch wirkstofflose Produkte ersetzen sollten. Es soll lediglich heißen, dass auch der Placebo-Effekt ein echter Effekt ist, der – wie wir im Weiteren sehen werden – bei jeder Behandlung eine Rolle spielt.

Wir wollen uns nun also näher ansehen, was an diesen beiden Effekten, dem Placebo und dem Nocebo, dran ist: ob sie sich wissenschaftlich nachweisen lassen, und was wir über mögliche dahinterliegende Mechanismen wissen. Zuletzt wollen wir der Frage nachgehen, wie wir diese Effekte für uns nutzen können.

Gibt es Placebo und Nocebo wirklich?

Was ein Placebo und der Placebo-Effekt eigentlich sind, darüber sind sich Wissenschaftler:innen nicht ganz einig. Die Definition der beiden Begriffe hat sich im Laufe der Geschichte verändert, beziehungsweise sie war nie eindeutig. Heute wird der Placebo-Effekt als eine physiologische und/ oder psychologische Veränderung verstanden, die eintritt in Folge entweder der symbolischen Bedeutung eines Objektes, mit dem der Patient im Rahmen der Behandlung in Kontakt kommt, oder eines Ereignisses, das die Patientin im Zusammenhang mit der Behandlung erlebt.

Wir wissen, dass der Placebo-Effekt keineswegs erst in unserer Zeit bekannt wurde (und insofern auch schlecht als «New Age» eingeordnet werden kann). Bereits im alten Ägypten wurde er genutzt: Hinweise auf Ereignisse, von denen wir als Placebo-Effekt sprechen würden, finden sich zum Beispiel bei dem griechischen Arzt Galenos aus dem zweiten Jahrhundert. In seinen Texten erwähnt er, wie wichtig die Beziehung zwischen Arzt und Patient ist, dass das Vertrauen des Patienten in den Arzt wichtiger sei als das Heilmittel, und dass die Erwartungen des Patienten etwas mit dem Erfolg der Behandlung zu tun hätten.[37]

Ein weiterer bekannter Arzt, der vermutlich unabsichtlich vom Placebo-Effekt profitierte, war Franz Mesmer, der um das Jahr 1800 Menschen mit Hilfe von Magneten behandelte. Er hatte durchaus Heilerfolge, welche aber bereits damals von einer wissenschaftlichen Kommission, der unter anderem der Chemiker Lavoisier angehörte, als Wirkungen der Einbildungskraft identifiziert wurden. Trotzdem gab es gute zwanzig Jahre später in Deutschland universitäre Lehrstühle für animalischen Magnetismus und Mesmers Lehren hatten einen weitreichenden Einfluss. Die Methode legte unter anderem den Grundstein für Hypnose und Hypnotherapie, deren Erfolge vermutlich auf ähnlichen Mechanismen – Placebo und Suggestion – beruhen.[*] Das im Englischen viel gebrauchte Wort «mesmerize» leitet sich übrigens von Mesmer ab und bedeutet «in seinen Bann ziehen, verzaubern».

In der medizinischen Forschung spielen Placebos heutzutage eine ganz andere, aber keineswegs unwichtigere Rolle, nämlich die der Kontrollbedingung. Um zu zeigen, welche Wirkung ein Medikament oder eine Intervention über den Glauben an eine Verbesserung hinaus hat, wird eine zweite Gruppe mit einem wirkstofflosen Medikament oder Verfahren behandelt. Das möglicherweise erste Experiment, das die Wirksamkeit eines Placebos untersuchte, war eine Studie von 1801. Damals wurden einige Beschwerden mit Metallrohren, die über den Körper gerollt wurden, behandelt. Der britische Arzt John Haygarth führte nun eine solche Behandlung mit hölzernen statt metallenen Rohren durch, und beschrieb, dass vier von seinen fünf Versuchspersonen eine Besserung ihrer Symptome erfuhren. Natürlich ist diese Studie unter heutigen Maßstäben nicht verlässlich: Eine Gruppengröße von fünf Teilnehmer:innen ist viel zu gering,

---

[*] http://skepdic.com/mesmer.html

und außerdem wissen wir inzwischen, dass auch die Metallrohre keine echte Behandlung darstellten. Hinzu kommt, dass hier eine weitere wichtige Kontrollbedingung fehlte: nämlich gar keine Behandlung. Denn es ist ja möglich, dass die Symptome auch ohne jegliches Zutun im normalen Krankheitsverlauf besser werden. Wie dem auch sei, Haygarth konnte in seiner Untersuchung zeigen, dass die Metallrohre ebenso erfolgreich waren wie sein Placebo-Mittel, die Holzrohre. Haygarth beschrieb in der Schlussfolgerung, dass seine Studie «eindeutig beweise, welch wundervolle Effekte die Leidenschaften von Hoffnung und Glauben, angeregt durch pure Vorstellungskraft, auf eine Erkrankung haben können».[38]

Anfang 1900 wurden die ersten klinischen Studien zur Medikamentenwirksamkeit durchgeführt, bei denen eine aktive, also vermutlich wirksame Substanz mit einer nichtwirksamen verglichen wurde. Es gibt solche Studien in der sogenannten «Open label»-Form, bei der die Patient:innen wissen, welches der beiden Mittel sie erhalten, und auch in einer verblindeten Version, bei der sie genau das nicht wissen. In Open-label-Versuchen kann die Erwartung der Patient:innen die Wirksamkeit des Medikaments beziehungsweise deren Ausbleiben beeinflussen.

Die Erfahrung von Mediziner:innen über Jahrtausende hinweg scheint das Vorhandensein des Placebo-Effekts zu belegen. Die moderne Wissenschaft aber fragt sich: Wie lässt sich dieser Effekt messen? Das Interesse daran hat in den letzten fünfzig Jahren stark zugenommen. Eine klassische Studie untersuchte den Placebo-Effekt anhand eines tatsächlich wirksamen Mittels. Teilnehmer:innen erhielten ein stark schmerzstillendes Mittel, ein Opioid, und dann einen Schmerzreiz (Hitze). Das Schmerzmittel verringerte den empfundenen Schmerz bereits eindeutig, wenn die Teilnehmer:innen nichts weiter über das verabreichte Mittel wussten. Wurde ihnen jedoch mitgeteilt, welche Wirkung das Medikament haben würde, verdoppelte sich dessen schmerzstillende Wirkung! Auch ein Nocebo-Effekt konnte in der gleichen Studie nachgewiesen werden: Wurde den Teilnehmer:innen mittgeteilt, dass sie nach Abklingen der Wirkung besonders schmerzempfindlich sein würden, verschwand der schmerzstillende Effekt völlig![39] Dies ist eine besonders elegante Art, den Einfluss von Erwartungen zu testen, da gezeigt wird, wie die Erwartung einen bereits bekannten physiologischen Effekt verstärkt oder komplett verschwinden lässt. Man kennt das aus eigener Erfahrung: Nimmt man bei Kopfschmerzen ein Schmerzmittel ein, lässt sich oft schon nach wenigen Minuten eine Verbesserung feststellen. Da Schmerzmittel in der Regel etwa eine halbe Stunde benötigen, um aufgenommen und im Körper verteilt zu werden, kann die anfängliche Verbesserung nur auf die Erwartung einer Schmerzlinderung zurückgeführt werden.

Könnten wir dann nicht einfach das Schmerzmedikament weglassen und uns darauf verlassen, dass die Kopfschmerzen (wie viele andere Erkrankungen und Leiden auch) mit der Zeit von selbst besser werden? Nach wie vor gibt es leider nicht viele Studien, die diesen Aspekt mit einbeziehen. Die wenigen dazu vorliegenden deuten aber darauf hin, dass wir doch lieber etwas einnehmen sollten. So gab es bei-

spielsweise in einer Untersuchung zur Wirkung von Placebos bei Depression keinen großen Unterschied zwischen
wirkstoffhaltiger und Placebo-Tablette. Es zeigte sich jedoch,
dass die Tabletteneinnahme *an sich* zu einer größeren Verbesserung führte, als wenn keine Tabletten eingenommen
wurden.[40]

Der Erfolg von Placebo-Behandlungen konnte für viele
verschiedene Symptome bei ganz unterschiedlichen Grund-
erkrankungen nachgewiesen werden, beispielsweise bei Parkinson, Bluthochdruck und Depression. Gleiches gilt jedoch
auch für Nocebo-Effekte: So zeigte sich, dass die Information über Risiken und Nebenwirkungen einer Behandlung
das Eintreten eben dieser Nebenwirkungen verstärkt.[41]

Besonders beeindruckend sind die bereits erwähnten Un-
tersuchungen, die den Erfolg von Placebo-Operationen, zum
Beispiel in Fällen von Arthrose, Parkinson und erwünschter
Gewichtsreduktion, belegen konnten. Das heißt, es wurde
im Ergebnis hier kein Unterschied zwischen einem echtem
und einem Placebo-Eingriff gefunden, beide Operationen
verbesserten den Zustand der Patient:innen.[42] Soll das heißen, wir sollten in Zukunft Placebo-Operationen statt echter Operationen durchführen? Auch hier nein, denn jede
Operation bringt erhebliche Risiken mit sich, auch ge-
fälschte Eingriffe. Es bedeutet vielmehr, dass unnötige Operationen zugunsten alternativer Behandlungsweisen nicht
durchgeführt werden sollten. Dies gilt insbesondere für
Operationen gegen Schmerzen wie im Fall von Arthrose
oder Rückenschmerzen. Hier ist nicht immer eindeutig, woher die Schmerzen eigentlich kommen. So kann es gesche-

hen, dass man mit Rückenschmerzen zum Arzt geht und dieser daraufhin MRT-Bilder vom Rücken machen lässt. Hier zeigt sich eine verschobene Bandscheibe. Diese wird dann als Schmerzursache ausgemacht und soll mit Hilfe einer Wirbelsäulenfusionsoperation behandelt werden. Doch diese Operation ist nicht hilfreicher als eine Reha-Behandlung mit Sport.[43] Eine mögliche Erklärung: Die verschobene Bandscheibe war gar nicht die Ursache für die Schmerzen, sondern es handelte sich um einen Zufallsbefund im MRT. Tatsächlich haben viele Menschen verschobene Bandscheiben, ohne je deshalb Schmerzen zu bekommen.[44] Zu einem derartigen Fehlschluss kann es besonders häufig im Fall von eher undefinierbaren Schmerzen im Rücken oder in den Gelenken kommen – möglicherweise der Grund, weshalb hier Placebo-Operationen so erfolgreich sind. Bei anderen Erkrankungen wie Herzerkrankungen oder Krebs ist die Ursache eindeutig auszumachen, so dass eine echte Operation hochgradig effektiver ist.

Der Erfolg von Placebo-Operationen legt nahe, dass nicht nur die Einnahme eines Medikamentes einen Placebo-Effekt auslösen kann, sondern viele weitere Vorgänge und Umstände, die sich rund um die Behandlung zutragen und die ebenfalls mit Erwartungen assoziiert sind. So kann insbesondere die Beziehung zwischen Arzt oder Patient den Heilungserfolg beeinflussen. Eine warme, empathische Interaktion verstärkt den Placebo-Effekt im Vergleich zu einer formal-distanzierten Kommunikationsform seitens des Arztes.[45] Ebenso ist auch das Vertrauen in die Kompetenz des Behandelnden wichtig.[46] Einige unkonventionelle Heilmethoden beruhen lediglich auf der Interaktion zwischen Heilendem und Patienten. Dazu lässt sich auch der Schamanismus rechnen.

Irgendwo zwischen Placebo und Heilmitteln mit «tatsächlicher» Wirkung liegt das Heilen durch Handauflegen. Dies ist eine sehr alte Praxis. Zeugnisse dazu gibt es schon aus der Zeit des alten Ägypten und des alten Rom, auch aus der christlichen Tradition. Der englische König Charles II. soll über 90 000 Patient:innen mit seiner «königlichen Berührung» behandelt haben. Heutige Handaufleger bewegen sich teils im esoterischen Bereich, manchmal treten sie als Wunderheiler auf oder beziehen sich auf ostasiatische Praktiken wie Reiki. Die positiven Effekte, die durch Handauflegen ausgelöst werden können, sind sicher teils Placebo-Effekte, die von der oft sehr rituellen Interaktion getragen werden. Gleichzeitig ist bekannt, dass Berührung tatsächlich weitreichende, gesundheitsfördernde Effekte haben kann und Schmerzen lindert.[47] Ähnlich wie beim Handauflegen handelt es sich wohl bei allen Formen von Placebo und Nocebo um Mischeffekte, die durch ein komplexes Zusammenspiel zahlreicher Faktoren zustande kommen.

Der Placebo-Effekt tritt nicht nur im Krankheitszusammenhang auf und hat auch nicht nur die Funktion, Symptome abzumildern. Der Glaube an die gesundheitsverbessernde Wirkung eines Mittels sollte vergleichbare Effekte bei einem gesunden Menschen haben. Doch nicht immer reicht der Glaube an eine solche Wirkung aus, beziehungsweise nicht alles lässt sich durch reinen Glauben verändern. So wurde in einer Studie der Placebo-Effekt von einem

Mittel getestet, das angeblich die kognitiven Fähigkeiten verbessern sollte, bei dem es sich allerdings um ein wirkstoffloses Nasenspray handelte. Das Ergebnis: Die Teilnehmer:innen, die das Placebo-Mittel erhalten hatten, gaben an, sich weniger müde und leistungsfähiger zu fühlen: der Placebo-Effekt. Allerdings war die objektiv gemessene Leistung im Test unverändert.[48] Dies bedeutet, dass wir zwar durch unsere Erwartungen unsere kognitiven Zustände verändern, also zum Beispiel unsere Konzentration verstärken können, nicht aber unsere kognitiven Fähigkeiten. Der bloße Glaube an ein Mittel macht uns leider nicht schlauer.

Anders verhält es sich jedoch mit unseren Emotionen. So kann ein Placebomittel, das angeblich gegen negative emotionale Reaktionen helfen soll, tatsächlich empfundene Traurigkeit verringern[49] – vergleichbar mit dem bereits erwähnten Placebo-Effekt bei Mitteln gegen Depression. Auch für das in jüngster Zeit beliebt gewordene Microdosing von psychedelischen Substanzen konnte nachgewiesen werden, dass die erlebte Verbesserung der Stimmung sowie der Anstieg von Energie und Kreativität einem Placebo-Effekt gleichkommt.[50] Der Placebo-Effekt tritt also nicht nur bei körperlichen Symptomen ein, sondern kann unsere Selbstauffassung und unsere Stimmung verändern. Und das sowohl im Krankheitszustand als auch im gesunden Zustand.

Wie funktionieren Placebo- und Nocebo-Effekte?

Damit eine Pille ohne Wirkstoff, ein operativer Eingriff ohne tatsächliche Behandlung oder Handauflegen den Zustand einer Patientin verbessern können, genügt aber nicht die rein gedankliche Hoffnung auf Besserung. Vielmehr muss auch physiologisch tatsächlich etwas geschehen. Es muss sich, beruhend auf den Erwartungen, Hoffnungen, auf dem Glauben an Heilung, etwas im Körper verändern, was dann zu einer wirklichen Verbesserung führt. Welche Prozesse den Placebo- oder auch den Nocebo-Effekt vermitteln, ist nicht im Detail geklärt. Auf jeden Fall müssen diese hochkomplex sein und mit dem Krankheitsbild in Zusammenhang stehen. Denn die Veränderungen, die im Körper stattfinden, können ja für eine Knochenbruchoperation nicht dieselben sein wie für eine Placebo-Pille gegen Depressionen. So ist vermutlich der genaue Wirkmechanismus für jede Kombination von verabreichtem Placebo-Mittel und der damit behandelten Erkrankung unterschiedlich. Wir wollen trotzdem versuchen, anhand von einigen Beispielen zu verstehen, wie ein Placebo- und ein Nocebo-Effekt *grundsätzlich* zustande kommen können.

Ein häufig untersuchter Placebo-Effekt ist der schmerzstillende Effekt einer wirkstofflosen Behandlung. Bildgebende Verfahren konnten zeigen, dass die Erwartung, eine Behandlung sei schmerzstillend, zu einer Verringerung von Aktivität in Gehirnarealen führt, die sonst bei Schmerzempfindungen aktiv sind. Dies ist eine wichtige Beobachtung. Denn die subjektiven Erfahrungsberichte der Patient:innen könnten verzerrt sein: Studienteilnehmer:innen könnten möglicherweise angeben, nach Einnahme einer Pille weniger Schmerz zu empfinden, weil sie denken, dies würde von ihnen erwartet. Dies ist ein bekanntes Problem in Studien: Die freiwilligen Proband:innen möchten oft *gute* Proband:innen sein und versuchen so, den in der Studie untersuchten Effekt hervorzurufen. Das muss gar nicht bewusst stattfinden, es kann manchmal ausreichen, dass man nur sein Augenmerk auf eine bestimmte, in der Studie untersuchte Fähigkeit, Eigenschaft oder Empfindung richtet. Eine geringere Aktivität in den Schmerzzentren des Gehirns lässt sich jedoch nicht leugnen. Ein weiteres Beispiel ist der Effekt von Placebo-Schlafmitteln: diese haben einen in der Form von Schlafdauer messbaren Effekt.[51]

Doch erklärt dies noch nicht den Mechanismus, durch den Erwartungen die Schmerzempfindungen und die Aktivität in den Schmerzzentren des Gehirns verringern. Neurowissenschaftler:innen konnten nachweisen, dass bestimmte Areale im Gehirn die Schmerzwahrnehmung kontrollieren können. Der anteriore cinguläre Kortex und der präfrontale Kortex können über Top-down-Mechanismen[*] unsere

---

* *Top-down* bedeutet «von oben nach unten». Der Gegensatz ist *Bottom-up* – «von unten nach oben». Diese Ausdrücke beschreiben die beiden wichtigsten Verarbeitungsströme im Gehirn. Bottom-up ist alles, was von unseren Sinneszellen aus immer weiter «hinauf» in das Gehirn gesendet und dabei weiterverarbeitet wird. Das Signal wird von einer Stufe zur nächsten weitergegeben, auf jeder Stufe ein wenig verändert, vielleicht gefiltert, geteilt, abgeschwächt oder verstärkt. Doch gleichzeitig kann auch jede Stufe Signale nach unten weitergeben. Diese Top-down-

Schmerzempfindungen verändern. Diese Regionen sind in der Lage, Bereiche, die für das Schmerzempfinden wichtig sind, herunterzuregulieren. Wie ist dies möglich? Man könnte durchaus annehmen, dass unser Körper eigentlich jedem Schmerzsignal besondere Aufmerksamkeit zuwendet, da Schmerzen ja häufig Warnsignale sind: Fasse nicht die heiße Herzplatte an! Achtung, du bist auf einen Dorn getreten! Oder: Bewege dich lieber nicht, denn dein Bein ist verletzt und muss heilen. Jedoch gibt es eben auch Situationen, in denen Schmerzempfindungen nicht hilfreich sind, in

Mechanismen sind für unseren Zusammenhang von besonderem Interesse; denn sie sind es, die wir nutzen können, um unsere Wahrnehmungen, Gefühle und unser Erleben der Welt im Allgemeinen zu beeinflussen. Eigentlich kamen diese beiden Vorgänge bereits vielfach vor, nur noch nicht unter dieser Benennung. Denken wir an das Pizza-Beispiel zurück: Der Pizzageruch wird von den Geruchsrezeptoren wahrgenommen, weitergesendet über verschiedene Filter-Stationen bis zum Geruchszentrum im Gehirn, und noch weiter, um Assoziationen herzustellen mit dem Wort Pizza, mit der bildlichen und geschmacklichen Vorstellung eines Stückes Pizza. Diese Schritte sind Bottom-up-Vorgänge. Wenn wir nun zwar hungrig sind, es gleichzeitig aber eilig haben, die Kinder aus der Kita abzuholen, kommen zwei Top-down-Vorgänge ins Spiel: einmal der Einfluss des Hungers, der die Wahrnehmungsfilter sozusagen auf «Essen finden» eicht – und so die Geruchswahrnehmung des Pizzageruchs verstärkt. Doch nun interveniert ein weiterer Top-down-Mechanismus: das Wissen, dass wir zu spät kommen, wenn wir die Pizza kaufen und die U-Bahn verpassen. Dieses Wissen lässt uns die Reaktion «Pizza kaufen» unterdrücken, ja sogar bewusst das Hungergefühl ignorieren. Doch es kann noch mehr: Wir können versuchen, den Pizzageruch bewusst zu ignorieren, sozusagen «wegzuriechen» (so wie «weghören»). Unsere bewusst getroffene Entscheidung: «Vergiss die Pizza, ich habe es eilig» kann also zu einem Top-down-Prozess werden, der tief in der Hierarchie liegende Filter steuert und ihnen gleichsam sagt: «Essensgerüche ignorieren». So können diese niedrigeren Stufen, deren Vorgänge eigentlich ganz unbewusst ablaufen, durch unsere bewussten Entscheidungen und durch unsere Willenskraft verändert werden.

denen das Ignorieren von Schmerz unser Überleben sichern kann. Zum Beispiel, wenn man im Kampf verletzt wird. Oder wenn unsere Vorfahren auf der Jagd ihre Erschöpfung überwinden mussten, um ein Mammut zu erlegen. Diese Fähigkeiten sind uns erhalten geblieben; häufig spüren wir Erschöpfung erst nach einem langen Lauftraining, selbst kleinere Verletzungen bemerkt man oft erst, nachdem man sich verausgabt hat und langsam wieder zu Atem kommt. Ein anderes Beispiel dafür, dass Schmerz nicht gleich Schmerz ist: Beißen und Kratzen werden im intimen Zusammensein mit einem Partner von vielen durchaus als angenehm empfunden oder zumindest als positiv bewertet. Genauso führt der Muskelkater nach einem harten Training nicht zu demselben Leiden, das ein Verletzungsschmerz auslöst, weil wir den Muskelkater als positiv bewerten, als Zeichen dafür, dass wir uns richtig angestrengt haben und dass unsere Muskulatur stärker wird.

Unsere subjektive Schmerzwahrnehmung kann also von Top-down-Prozessen reguliert und verändert werden. Diese Effekte lassen sich nicht nur anhand von geringerer Aktivität der Schmerzzentren im Gehirn messen, sondern finden sich bereits auf einer früheren Verarbeitungsebene, nämlich im Rückenmark.[52] Hirnareale, die in der Verarbeitungshierarchie höher liegen, lösen eine Ausschüttung von Opioiden aus, welche dann die Reaktion auf einen Schmerzreiz bereits im Rückenmark abschwächen. Durch die Ausschüttung von Hormonen und Neurotransmittern kann die Top-down-Regulierung zu physiologischen Veränderungen im gesamten Körper führen.

Unsere Umwelt und unsere daran gebundenen Erwartungen sind vielfältig. Die meisten Menschen scheinen die Erwartung zu haben, dass Medikamenteneinnahme unangenehm ist. Das Unangenehme wird allerdings mit einer besonders guten Wirkung verbunden. So ist der Placebo-Effekt größer, wenn es sich bei einem Placebomittel um große Kapseln oder Mittel mit einem schlechten Geschmack handelt.[53] Auch der Name und die Verpackung des Mittels können eine Rolle spielen: Medikamente, deren Namen die Buchstaben X oder Z enthalten, werden als besonders wirksam angesehen.[54]

Ähnliches gilt für den Nocebo-Effekt. So kann beispielsweise das Design der Verpackung und der Name eines Medikamentes die Stärke der empfundenen Nebenwirkungen beeinflussen.[55] Doch auch im Alltag können Nocebo-Effekte auftreten und so unser Schmerzempfinden verstärken, wenn wir Schmerz erwarten. Dies trägt zu dem Phänomen des Schmerzgedächtnisses bei. Als extreme Nocebo-Fälle werden Erkrankungen oder Todesfälle in Folge von Verfluchungen oder Voodoo-Ritualen interpretiert.[56] Ein möglicher Mechanismus könnte hier eine extreme Überaktivierung des sympathischen Nervensystems sein, die durch den Stress der Verfluchung hervorgerufen wurde und zur Überlastung des Herz-Kreislauf-Systems führt.[57, 58] Der Glaube an Zauberei und Magie, die Schaden anrichten, ist weltweit verbreitet und findet sich in vielen verschiedenen Kulturen. Hierzu gehört neben Voodoo-Praktiken der Glaube an Hexen, an Flüche und an den bösen Blick.[59] Dieser Glaube ist nicht ganz so irrational, wie es scheinen mag: Wenn etwas schiefgeht, wenn etwas Schlimmes geschieht, suchen wir Menschen nach einer Erklärung dafür. Es fällt schwer, Ereignisse einfach dem Zufall zuzuschreiben. Ein schlimmes Ereignis lässt sich besser verarbeiten, wenn wir aktiv damit umgehen können, also zum Beispiel indem wir eine Bedeutung darin sehen, eine Schicksalsfügung, oder indem wir eine Ursache ausmachen, etwa einen Zauber, gegen den wir dann in Zukunft angehen können. Schützt man sich dann durch einen Anhänger gegen den bösen Blick und treten in der nahen Zukunft tatsächlich keine schlimmen Ereignisse ein, erfüllt sich die Vorhersage, dass der Schutz wirkt, und bestätigt die Theorie, dass der Schaden von einem bösen Blick hervorgerufen wurde (siehe auch den Abschnitt zur sich selbst erfüllenden Prophezeiung).

Unsere Einbettung in die Gemeinschaft und die Art und Weise des Miteinanders mit anderen Menschen beeinflussen unser Verhalten, Denken und Fühlen zu einem Grad, der uns meist nicht bewusst ist. Placebo-Effekte haben nicht nur etwas mit dem Einnehmen einer Pille zu tun, sondern, wie bereits der Arzt Galenos in der Antike feststellte, mit der Beziehung zwischen Arzt und Patient. Wird der Arzt als vertrauenswürdig und kompetent eingeschätzt, ist der Behandlungserfolg größer. Das betrifft neben der Art und Weise auch den Inhalt der Kommunikation. Eine Studie untersuchte, wie sich die Schmerztoleranz verändert in Abhängigkeit davon, was den Proband:innen über den Schmerz gesagt wurde. Die Teilnehmer:innen einer Gruppe wurde informiert, dass sie einen unangenehmen Schmerzreiz so lange wie möglich aushalten sollten. Die Teilnehmer:innen einer zweiten Gruppe erhielten die Information, dass der Schmerzreiz gut für die Muskeln sei, dass er diese stärken würde. Die Proband:innen der zweiten Gruppe ertrugen den Schmerz deutlich länger. Nun könnte man sagen: Gut, sie hatten einfach mehr Motivation, weil sie dachten, sie stärken ihre Muskulatur. Allerdings konnten bestimmte pharmakologische Mittel, die entweder die Opioidrezeptoren oder die Cannabinoidrezeptoren blockieren, den Effekt verhindern. Die größere Schmerztoleranz ging also mit der Ausschüttung von körpereigenen Schmerzhemmern, den Opioiden und den Cannabinoiden, einher.[60] Auch hier wieder: Die zwischenmenschliche Interaktion und der kommunizierte Inhalt hatten einen direkten, physiologischen Effekt, der zu einer Verringerung des Schmerzreizes führte. Dadurch erklärt sich auch, weshalb manche Menschen als alternative Heiler gewisse Erfolge nachweisen können: Sie wirken besonders vertrauenswürdig, sind besonders begabt darin, eine Beziehung aufzubauen, ein Gefühl der Verbundenheit herzustellen, und können überzeugend und einfühlsam kommunizieren.

Einen ähnlichen Effekt kann die Anwesenheit eines geliebten Menschen auf die Schmerzwahrnehmung haben. Dies belegen inzwischen zahlreiche Studien anhand subjektiver Schmerzbewertung[61] und auch mit Hilfe von bildgebenden Verfahren. Letztere konnten zeigen, dass Bereiche im Gehirn, die mit der Schmerzempfindung in Verbindung gebracht werden (insbesondere die *anterior Insula*) weniger aktiv waren, wenn bei einem schmerzhaften Reiz ein Bild des Partners betrachtet wurde.[62] Die Stärke des Placebo-Effektes, insbesondere eben dieses zwischenmenschlichen Placebo-Effektes, zeigt noch einmal, dass Geist und Körper untrennbar sind, dass wir diese beiden Einheiten eigentlich nicht getrennt betrachten und untersuchen können. Dies ist im Krankheitszusammenhang besonders wichtig, da Patient:innen oft zu hören bekommen, ihre Leiden seien bloß eingebildet, das sei alles *psychosomatisch*. Doch ein psychosomatischer Schmerz ist ebenso ein ernstzunehmender und *echter* Schmerz ist wie jeder andere.

Wir wollen noch einen Schritt weiter gehen und versuchen zu verstehen, wie der reine Glauben an die Wirkung einer Behandlung die Top-down-Steuerung ankurbeln kann. Hierfür kommen wir zurück auf die Hypothese, dass das Gehirn möglichst genaue Vorhersagen über die eigenen Wahrnehmungen und über Ereignisse trifft. Dazu nutzt das Gehirn viele verschiedene Informationen, die teils genetisch und teils durch frühere Erfahrungen bestimmt sind – die Priors. Die Vorhersagen beeinflussen sowohl die Wahrnehmung von Schmerz als auch die Schmerzlinderung. Wir wissen zum Beispiel alle aus Erfahrung, dass es sehr weh tut, sich den Musikantenknochen im Ellbogen zu stoßen. Dieses Wissen erzeugt die Erwartung von Schmerz, wenn man sich den Ellbogen stößt, und kann so den Schmerz sogar verstärken.[63]

Ähnlich verhält es sich mit der Schmerzlinderung. Hier nutze ich noch einmal das obige Beispiel, da viele diese Erfahrung sicherlich teilen: Wir wissen, dass die Einnahme eines Schmerzmittels den Schmerz innerhalb kurzer Zeit verschwinden lässt oder zumindest abschwächt. Und das

Schmerzmittel hat ja auch tatsächlich eine schmerzstillende Wirkung. Dafür muss der Wirkstoff aber zuerst in den Körper aufgenommen werden, was durchaus eine halbe bis ganze Stunde dauern kann. Allerdings tritt der Effekt der Schmerzlinderung häufig schon früher, oft direkt nach der Einnahme, ein. Was geschieht hier? Die Einnahme erschafft eine Vorhersage: Der Schmerz wird gleich schwächer werden. Ist das Mittel noch nicht absorbiert, entsteht ein Vorhersagefehler: Erwartung (Schmerzlinderung) und tatsächliche Empfindung (der Schmerz ist noch da) passen nicht zusammen. Nun kann das Gehirn entweder die Erwartung verändern – oder aber durch eigene Aktivität die Empfindung an die Erwartung anpassen. Welches von beiden eintritt, hängt auch damit zusammen, wie sicher man sich seiner Erwartung ist. Bekamen Versuchspersonen etwa die Information, eine Infusion enthalte ein starkes Schmerzmittel, von dem bekannt sei, dass es wirkt, war der Placebo-Effekt deutlich größer, als wenn ihnen gesagt wurde, die Infusion enthalte entweder einen Wirkstoff oder ein unwirksames Mittel.[64, 65] Wird im Gehirn mit großer Sicherheit eine Schmerzlinderung vorhergesagt, ist dies auf der Wahrnehmungsebene aber noch nicht eingetreten, «sagt» sich das Gehirn, dass die Wahrnehmung (also der Bottom-up-Reiz) nicht stimmen kann, und reguliert den Schmerz durch Top-down-Mechanismen wie zum Beispiel der Ausschüttung von körpereigenen Schmerzhemmern, den Opioiden, herunter. Besteht jedoch eine größere Unsicherheit in der Vorhersage und ist man sich nicht ganz sicher, ob und wann die Linderung eintreten wird, legt das Gehirn mehr

Gewicht auf die tatsächlichen Bottom-up-Empfindungen – mit der Folge, dass eventuell kein Placebo-Effekt eintritt.

Menschen haben eine unterschiedlich starke Placebo-Reaktion.[66] Erklären lässt sich dies durch ihre unterschiedlichen Erwartungen aufgrund von Vorerfahrungen. Wer sich schon öfters durch Ärzt:innen gut versorgt gefühlt hat und den Arztbesuch mit einer Verbesserung der Symptome assoziiert, erlebt vermutlich einen stärkeren Placebo-Effekt bei der Einnahme einer ärztlich verordneten Placebo-Pille, als jemand, für den Arztbesuche bisher keine Linderung der Symptome zur Folge hatten. Daher ist auch das Prinzip der Hausärzt:innen sehr gut: Dies sind Personen, die wir kennen und denen wir vertrauen und die uns hoffentlich schon öfters geholfen haben. Doch selbst bei bislang schlechten Erfahrungen mit dem Gesundheitssystem ist nicht alles verloren. Denn unsere Erwartungen verändern sich kontinuierlich, jede noch so nebensächliche Information beeinflusst die zukünftigen Erwartungswerte. So sind es nicht nur eigene Erfahrungen, sondern auch Erfahrungsberichte von anderen, die diese Erwartungen steuern. Beobachtet man beispielsweise einen anderen Versuchsteilnehmer, der einen stärkeren Schmerzreiz toleriert, erhöht dies die eigene Schmerztoleranz.[67] Sieht man hingegen gleichzeitig mit dem Schmerzreiz ängstliche Gesichter, so reagiert man empfindlicher auf den Schmerz.[68] Dies ist ein weiterer Beleg dafür, wie stark das Zwischenmenschliche und die Interaktion mit anderen unser Verhalten und unsere Erwartungen an die Welt beeinflusst (mehr dazu unter «Mehr Einfühlungsvermögen, mehr Verbundenheit»).

Können wir Placebo-Effekte für uns nutzen?

Es sollte klar geworden sein, dass unsere Erwartungen und unser Glauben physiologische Vorgänge in unserem Körper tatsächlich verändern. Der Placebo-Effekt wird hervorgerufen durch den Gesamtkontext einer Behandlung, durch unseren Glauben an die Behandlung und durch unsere Beziehung zu den beteiligten Personen. Wie wir gesehen haben, ist dieser Gesamtkontext äußerst komplex: Die Farbe und Größe der eingenommenen Pille, der Name des Medikaments, die Art und Weise, wie der Arzt mit uns umgeht, die Anwesenheit uns nahestehender Personen, kurz, die gesamte Atmosphäre kann den Behandlungserfolg beeinflussen. Insofern gehört der Placebo-Effekt auch außerhalb von medizinischen Behandlungen zu unserem Alltag. Er beeinflusst unser Empfinden, wenn wir uns den Ellbogen stoßen oder wenn wir uns beim Sport verausgaben, er kann unsere Stimmung ändern oder unsere Schlaf- und Essgewohnheiten.

Es wäre wundervoll, wenn wir diesen starken Effekt gezielt zu unserem Vorteil nutzen könnten. Doch ist dies überhaupt möglich? Funktioniert der Placebo-Effekt auch, wenn wir wissen, dass es sich um ein Placebo-Mittel handelt? Wissenschaftler:innen haben sich das auch gefragt und mittels sogenannter Open-label-Placebo-Studien untersucht, in denen die Teilnehmer:innen darüber informiert werden, ob sie in der Placebo- oder der Medikamenten-Gruppe sind. Das überraschende Ergebnis: Das Wissen

um die Placebo-Einnahme behinderte nicht deren Wirksamkeit! Eine Studie verglich die Effektivität einer Open-
label-Placebo-Tablette mit einer verblindeten Placebo-Tablette bei Patient:innen mit Reizdarmsyndrom. Eine dritte
Teilnehmergruppe nahm keine Tabletten. Das Ergebnis: Bei
beiden Placebo-Gruppen zeigte sich nach sechs Wochen
eine Verbesserung der Symptome im Vergleich zu der Gruppe, die keine Tabletten eingenommen hatte.[69]

Wie lässt sich das das erklären? Es könnte sich um eine
Art Meta-Placebo-Effekt handeln: Die Teilnehmer:innen
wissen, dass sie ein wirkstoffloses Mittel nehmen. Doch
sie wissen auch um die Wirkung von Placebo-Mitteln und
erwarten daher selbst dann eine Verbesserung, wenn sie
wirkstofflose Tabletten einnehmen. Darüber hinaus spielen
wiederum Kontext und soziale Einbindung eine Rolle. Die
Studienteilnahme bringt die Proband:innen in Kontakt mit
Wissenschaftler:innen oder Ärzt:innen, also Menschen in
weißen Kitteln, und häufig finden Studien in den Räumlich-
keiten von Krankenhäusern statt. Die meisten Menschen
assoziieren Ärzt:innen und Krankenhäuser mit einer Verbesserung ihrer Symptome, so dass allein der Kontext schon
einen Placebo-Effekt auslösen kann. Es genügt, dass diese
Assoziationen auf unbewusster Ebene vorhanden sind.[70]
Ähnliches ist bekannt von Behandlungsstudien für Depression oder Drogenabhängigkeit: Allein schon der offizielle
Beginn der Studienteilnahme führte zu einer vorrübergehen-
den Verbesserung, bereits bevor die Teilnehmer:innen ein
Mittel eingenommen hatten! In der Reizdarmstudie konnte
gezeigt werden, dass dieser Placebo-Effekt, ausgelöst allein

durch die Teilnahme, noch verstärkt wird, wenn man ein wirkstoffloses Mittel einnimmt.

Was bedeutet dies nun für unsere Fähigkeit, den Placebo-Effekt zu unserem Vorteil zu nutzen? Anscheinend genügt es, um die Wirksamkeit von Placebos zu wissen, um deren Wirksamkeit hervorzurufen. So sollte es eigentlich reichen, dieses Kapitel einige Male durchzulesen, um sich selbst für Placebo-Effekte empfänglich werden zu lassen. Vermutlich können selbst unsere kleinen Rituale, wie auf Holz zu klopfen oder einen Glücksbringer bei sich zu tragen, kleine Placebo-Effekte auslösen!

Entscheidend ist nicht nur die Placebo-Behandlung an sich, sondern auch der Kontext, in dem sie stattfindet, und unsere Vorerfahrung. Das beschränkt sich nicht auf Placebo-Behandlungen. Auch bei tatsächlich wirksamen Mitteln lässt sich die Heilkraft noch verstärken, indem man sich einen Arzt oder eine Ärztin sucht, dem oder der man wirklich vertraut, die kompetent ist und sich Zeit nimmt. Zudem kann man sich vor oder während der Behandlung über die genauen Wirkmechanismen informieren. Zieht sich eine Behandlung über mehrere Wochen oder gar Monate hin, kann es hilfreich sein, sich die Wirkmechanismen und das Ziel der Behandlung immer wieder ins Gedächtnis zu rufen sowie sich bewusst zu machen, welche Verbesserungen es bereits gegeben hat. Auf diese Weise kann man die eigenen Erwartungen weiter verstärken. Natürlich – und das ist ein entscheidender Knackpunkt – sollte man sich hierbei auf die positiven Effekte konzentrieren. Wer sich detailliert über Nebenwirkungen informiert und diese dann in ständiger Selbstbeobachtung bei sich selbst diagnostiziert, löst eher einen Nocebo-Effekt aus. Hier kann es helfen, mit anderen Menschen und dem behandelnden Team im Gespräch zu bleiben, so dass diese die Aufmerksamkeit zurück auf die positiven Wirkungen lenken können.

Wir können den Placebo-Effekt zudem besonders gut nutzen, um anderen Menschen zu helfen. Dies bedeutet nicht, dass man notwendige medizinische Behandlungen auslassen oder aufschieben sollte! Kinder zeigen sich besonders empfänglich für den Placebo-Effekt,[71] was sich leicht dadurch erklären lässt, dass sie meist ein großes Vertrauen in die Behandlung haben, auch weil ihre Eltern involviert sind, und sie andererseits noch weniger negative Erfahrungen im medizinischen Kontext gesammelt haben, also nicht die typische erwachsene Grundskepsis (im Sinne von «Mal sehen, ob das überhaupt hilft») mitbringen. Eltern und Behandelnde können mit Kindern über Medikamente sprechen und erklären, was im Körper vor sich geht, wenn sie diese einnehmen. Die Art und Weise wie man über die Behandlung spricht, ob man selbst Vertrauen und Hoffnung ausstrahlt oder eher Skepsis, kann den Erfolg der Behandlung beeinflussen. Man kann aus der Medikamenteneinnahme auch eine kleine Show machen, ein Ritual um die Einnahme herum aufbauen. So ist die Einnahme keine Nebensache, sondern nimmt einen größeren Raum in der Aufmerksamkeit des Kindes ein und löst so hoffentlich eine Placebo-Verstärkung aus. Hat man selbst ein ähnliches Mittel eingenommen, kann man davon berichten, wie dies geholfen hat. Denn, wie gesagt, nicht nur die eigenen Erfahrungen, sondern auch Informationen über die Erfahrungen unserer Mitmenschen, insbesondere der uns nahestehenden, beeinflussen unsere Erwartungen.

Das Gesagte soll keineswegs Wunderheiler und Quacksalber legitimieren oder motivieren. Leider wird der Placebo-Effekt viel zu häufig von Menschen ausgenutzt, die daraus vor allem persönlichen Profit schlagen wollen und deren Herangehensweise schnell an einen Kult oder eine Sekte erinnert. Es gilt, eine Balance zu halten, denn man bewegt sich hier auch ethisch in einem fragwürdigen Bereich. Der Versuch, einen Placebo-Effekt auszulösen, darf keinesfalls zu Betrug, Unwahrheiten oder gar zum Auslassen notwendiger medizinischer Behandlungen führen. Dies würde in längerer Sicht dem Placebo-Effekt sogar entgegenwirken! Denn zu einem großen Anteil speist er sich aus dem Vertrauen, dem Zutrauen zu unseren Mitmenschen, zu deren Kompetenz und in deren gute Absichten.

Sich selbst erfüllende Prophezeiungen

Jakob liest in seinem Horoskop, dass er diese Woche besonders viel Glück haben wird. Obwohl Jakob eigentlich nicht an Horoskope glaubt, bleibt die Vorhersage während der folgenden Woche in seinem Hinterkopf. Es wäre natürlich schön, wenn es doch stimmen würde. Schließlich ist er zu einem Pokerspiel mit Freunden verabredet. Beim Pokerspiel spielt Jakob ein klein wenig riskanter als sonst – und es lohnt sich, er gewinnt ein, zwei Runden, zufällig. Obwohl

Jakob doch normalerweise fast nie im Poker gewinnt. Vielleicht hatte das Horoskop ja doch irgendwie recht und Jakob ist diese Woche einfach ein Glückspilz? Selbst wenn er, wie gesagt, eigentlich nicht an Horoskope glaubt, freut sich Jakob über den kleinen Zufall. Am nächsten Tag fühlt er sich beschwingt von diesem guten Gefühl. Normalerweise hat er es eilig ins Büro zu kommen, aber heute trägt die gute Laune dazu bei, dass er sich auf dem Weg zur Arbeit noch kurz auf einer Parkbank niederlässt, um in der Sonne seinen Kaffee zu genießen. Als er aufsteht, fällt sein Blick auf eine Zwei-Euro-Münze unter der Parkbank. Na sowas. Jakob findet es durchaus amüsant, dass sich diese Glücksvorhersage weiter bestätigt. Er glaubt zwar weiterhin nicht an Horoskope, aber er hält den Rest der Woche Augen und Ohren offen für weitere glückliche Zufälle.

In diesem Beispiel sehen wir zwei verschiedene Mechanismen am Werk, die zu dem bekannten Phänomen der sich selbst erfüllenden Prophezeiungen beitragen. Ein zufälliges Ereignis, nämlich dass Jakob im Poker gewinnt, wird der Vorhersage des Horoskops zugeschrieben. Hätte Jakob sein Horoskop nicht gelesen, hätte er sich über den Pokergewinn gefreut, aber vermutlich nicht gedacht, dass er diese Woche ein Glücksschwein an seiner Seite hat. Doch wie gut fügt sich dieser eine Zufall in das Erklärungsmuster der Vorhersage: *Diese* Woche hat er eben Glück. Wir Menschen mögen diese eindeutigen Ursache-Wirkungs-Erklärungsmuster. Und sind, wie wir ja in den letzten Kapiteln sehen konnten, Meister:innen darin, Zusammenhänge zu erkennen – oder manchmal zu erfinden. Sicher gab es in derselben Woche auch einige kleinere Momente, die Jakob als Pech hätte bezeichnen können. Vielleicht ist ihm ein Schnürsenkel gerissen oder zu Hause ist eine Glühbirne durchgebrannt, als er gerade in ein Buch vertieft war. Diesen Momenten hat er aber keine weitere Bedeutung zugeschrieben, da solche Sachen eben einfach geschehen – und sie so auch gleich wieder vergessen.

Nun geschieht noch etwas anderes: Infolge der zufälligen Bestätigung der Vorhersage ändern sich Jakobs Stimmung und sein Verhalten. Selbst wenn er weiterhin darauf besteht, nicht an Horoskope zu glauben, gab es eben doch diesen einen kleinen Zufall einer Übereinstimmung von Vorhersage und Glücksereignis. Allein schon die Vorstellung, dass es vielleicht doch möglich sein könnte, in dieser Woche mehr Glück zu haben als sonst, führt dazu, dass Jakob seine tägliche Routine ändert und sich einen kurzen Moment in der Sonne gönnt. Diese Änderung der gewohnten Verhaltensweisen öffnet Jakobs Wahrnehmung: Wer sich nicht stur seinen Gewohnheiten nach verhält, wird offener für die Eindrücke der Umgebung, und so hat Jakob sein nächstes Glückserlebnis: Er findet eine Münze.

Allgemeiner können wir die sich selbst erfüllende Prophezeiung also damit erklären, dass das Gehirn ständig auf der Suche nach Erklärungen nach dem Ursache-Wirkungs-Muster ist, und andererseits seine Empfindungen, Handlungen, ja sogar Wahrnehmungen an die eigenen Vorstellungen und Vorhersagen anpasst. Und hierbei ist das Gehirn gerne wählerisch: Wenn ein Ereignis ins Weltbild passt, wird das als Bestätigung gewertet. So wie Jakob seinen Pokergewinn als Bestätigung der Glücksvorhersage einordnet. Was hingegen nicht ins Bild passt, zum Beispiel der gerissene Schnürsenkel, wird einfach ignoriert.

Wie passt dieses Verhalten der selektiven Wahrnehmung mit dem Gedanken zusammen, dass das Gehirn versucht, ein möglichst genaues Modell der Welt zu erstellen? Hat das Gehirn ein einigermaßen funktionierendes Modell ausgebildet, also vermutlich im jungen Erwachsenenalter, dann versucht es, die Erlebnisse mit Hilfe dieses Weltmodells zu erklären. Manchmal passt jedoch das Modell nicht zu den tatsächlichen Ereignissen. Wie bereits beschrieben, stehen uns nun zwei Antwortmöglichkeiten zur Verfügung: das Modell anzupassen oder durch eigenes Zutun die Welt beziehungsweise ihre Wahrnehmung zu ändern. Die selektive Aufmerksamkeit beziehungsweise das Ignorieren von Fakten gehören in die zweite Kategorie: Es wird zwar nicht aktiv die Welt «da draußen» verändert, wohl aber deren Wahrnehmung und Einordnung in unserem Kopf. Findet beispielsweise ein selbsternannter Pechvogel eine Münze auf der Straße, würde es viel mehr Energie kosten, das Weltmodell, laut dessen man selbst zu den Pechvögeln zählt, zu überarbeiten. Viel einfacher ist es, den Fund einfach zu ignorieren, den eine Minute später einsetzenden Wolkenbruch jedoch als klare Bestätigung des Pechvogeltums zu werten. Diese Einschätzungen der Welt verstärken sich also immer weiter selbst – und machen uns zu Optimisten oder Pessimisten: Wer optimistisch ist, erwartet das Beste und nimmt verstärkt die Momente wahr, in denen dieses «Beste» eintritt, um dann zu sagen: Bitte schön, ich habe es doch gewusst. Ebenso der Pessimist: Er erwartet immer das Schlimmste, ignoriert kontinuierlich alle positiven Wendungen, die die Dinge nehmen, und sieht sich nur im Falle einer negativen Entwicklung bestätigt.

Bei kleineren Unstimmigkeiten zwischen Erwartung und Wirklichkeit verhalten wir uns häufig entsprechend dem Motto: Was nicht passt, wird passend gemacht – oder ignoriert. Das gilt nicht nur für harmlose Glücksvorhersagen eines Horoskops, sondern auch für die eigene Meinung über aktuelle politische Themen. Die Algorithmen der sozialen Medien verstärken diesen Effekt noch, indem sie uns gezielt die Nachrichten und Beiträge in den Newsfeed einspielen, die aufgrund ihrer Berechnungen zu unserer Einstellung, zu unserer Weltsicht passen. Der so gefilterte Informationsfluss nimmt uns die Möglichkeit, unser Weltmodell zu optimieren. Denn was wir zu sehen und zu lesen bekommen, entspricht ja nur einem Ausschnitt der Ansichten und Ereignisse, die tatsächlich in der Welt vertreten sind.

Auch die Wahnvorstellungen von Menschen mit Schizophrenie lassen sich mit diesem Mechanismus erklären. Vermutlich haben Menschen mit Schizophrenie ein verändertes Salienz-Erleben. Salienz beschreibt den Grad der Merkwürdigkeit eines Ereignisses – wir schenken diesem dann besonders viel Aufmerksamkeit.[*] Für Menschen mit

---

[*] «Salienz» ist ein wichtiger Begriff der Hirnforschung. Er beschreibt nicht so sehr eine Eigenschaft von Dingen oder Ereignissen, Salienz ergibt sich vielmehr erst durch die Wahrnehmung des Dinges oder durch das Erleben des Ereignisses durch eine Person. *Merk-würdig* kann etwas nur *für jemanden* sein. Noch einmal das Pizza-Beispiel: Der Geruch der Pizza

Schizophrenie erscheinen in der Anfangsphase Dinge und Erlebnisse salient, die eigentlich keine besondere Bedeutung haben.[72] Oft wird dieses Erleben so beschrieben, dass die Welt sich unwirklich anfühlt oder als beinhalte sie ein großes Geheimnis. So kann das Gefühl von Salienz beim Lesen eines langweiligen Zeitungsartikels auftreten oder beim abendlichen Fernsehschauen. Irgendetwas, vielleicht nur ein Wort, erscheint besonders bedeutungsvoll. Häufen sich solche Ereignisse, wird das Gehirn versuchen, ein Erklärungsmodell dafür zu bilden. Zum Beispiel, dass einem eine geheime Botschaft über die Zeitung vermittelt werden soll. Doch warum? Das Modell muss erweitert werden: Vielleicht ist man selbst ein Geheimagent? Hat das Gehirn erst einmal ein solches Erklärungsmodell gebildet, wird es ebenso wie Jakob mit seinem Horoskop die nun folgenden Ereignisse mit diesem Modell zu verstehen versuchen. Nun wird auch der seltsame Blick, den der Briefträger einem zuwirft, als Bestätigung dafür gewertet, dass man Geheimagent ist. Briefe und Zeitungen werden gezielt nach möglichen gehei-

---

von der Imbissbude dringt nur dann in unser Bewusstsein, wenn wir gerade hungrig sind. Der Geruch ist also nur dann *salient*, wenn unser innerer Zustand uns gerade gegenüber Essensgerüchen besonders empfänglich macht. Im Gehirn scheinen bestimmte Regionen darauf spezialisiert zu sein, solche salienten Eindrücke zu verarbeiten: das sogenannte Salienz-Netzwerk, also mehrere Gehirnregionen, die gemeinsam auf saliente Eindrücke reagieren – und auch unsere Reaktionen darauf steuern. Zu diesem Netzwerk gehören der Insula-Kortex und der anteriore cinguläre Kortex. Diese Regionen «erkennen» saliente Ereignisse und können dann andere Netzwerke im Gehirn aktivieren, die beispielsweise unsere Aufmerksamkeit, aber auch die physiologischen Reaktionen unseres Körpers steuern. Dieses «Erkennen» ist ein komplexes Zusammenspiel zahlreicher Faktoren.

men Botschaften durchsucht. Freunde und Familienmitglieder werden misstrauisch beobachtet, um herauszufinden, wer in die Verschwörung eingeweiht ist. Der Fall der
Wahnvorstellungen ist ein Beispiel dafür, was schiefgehen
kann, wenn das Gehirn versucht, sein Weltmodell zu optimieren und dann alle Erlebnisse diesem Modell anzupassen. Zwar beruht unser Beispiel auf veränderten Wahrnehmungen, nämlich der fälschlicherweise erlebten Salienz
von eigentlich bedeutungslosen Ereignissen. Doch an sich
ist der Mechanismus der sich selbst erfüllenden Prophezeiung ganz ähnlich: Einer bestimmten Vorhersage wird
eine besondere Schwere zugeschrieben und nun werden
passende Erlebnisse als Bestätigung dieser Vorhersage gewertet.

In unserem sozialen Miteinander spielen sich selbst erfüllende Prophezeiungen eine wichtige Rolle. Ein klassisches
Beispiel dafür ist, dass eine Lehrkraft einem Schulkind gewisse Leistungen nicht zutraut, und zwar aufgrund eines
Faktors, der nichts mit der Leistung des Schulkindes zu tun
hat (z. B. dem Namen oder der Herkunft des Kindes). Oft
handelt es sich bei diesen Vorhersagen seitens der Lehrkraft
nicht um bewusste Vorurteile, sondern um einen unbewussten, einen impliziten Bias. Infolgedessen verändert sich das
Verhalten der Lehrkraft, das Schulkind wird beispielsweise
nicht drangenommen, wenn es sich meldet. So kann es eine
wichtige Frage nicht stellen und infolgedessen die Aufgabe
nicht lösen. Folge: Das Kind wird frustriert und fällt im
Stoff zurück – und bestätigt somit die «Intuition» der Lehrkraft, dass es kein guter Schüler sei. Eine der ersten Studien

zum Thema der sich selbst erfüllenden Prophezeiung widmete sich genau diesem Bereich der Lehrer-Schüler-Interaktion.[73] Die Forscher:innen teilten den Lehrkräften einer
Grundschule mit, dass sie einen besonderen IQ-Test entwickelt hätten, der zeigen könne, welche Kinder eine verspätete intellektuelle Entwicklung durchlaufen würden. Die
Schüler:innen eines Jahrgangs nahmen allerdings an einem
ganz normalen IQ-Test teil. Dann wählten die Forscher:innen zufällig Schüler:innen aus, die angeblich von dem Test
identifiziert worden waren und von denen nun eine deutliche kognitive Entwicklung im kommenden Jahr erwartet
werden könne. Und siehe da: Am Ende des Schuljahres zeigten diese – zufällig ausgewählten! – Schüler:innen tatsächlich die größte Zunahme an IQ-Punkten. Die Erwartungen
eines Menschen, in diesem Fall der Lehrkraft, können also
zu realen und messbaren Veränderungen im Verhalten, in
den Emotionen und sogar in der kognitiven Leistungsfähigkeit bei anderen Menschen führen. Natürlich können auch
die impliziten Vorstellungen der Schüler:innen deren Wahrnehmung ihrer Lehrkräfte beeinflussen. So bewerteten Studenten in einem Online-Kurs Lehrkräfte mit männlichen
deutlich höher als Lehrkräfte mit weiblichen Namen (unabhängig vom tatsächlichen Geschlecht, die Namen wurden zufällig verteilt).[74]

Auch auf gesamtgesellschaftlicher Ebene gibt es unzählige
Mechanismen, die sich durch die selbsterfüllende Prophezeiung erklären lassen, insbesondere im Bereich von Diskriminierung, Sexismus und Rassismus.[75] Wird beispielsweise
einer Bevölkerungsgruppe nachgesagt, sie sei kriminell, ist

es für Mitglieder dieser Gruppe schwerer einen Job zu finden. So gibt es häufiger Arbeitslosigkeit in dieser Gruppe, mehr Armut, und infolgedessen auch irgendwann mehr Kriminalität. Dieses vereinfachte Beispiel zeigt, wie wichtig es ist, dass wir alle und wir als Gesellschaft unser Verhalten auf bewusste und unbewusste Erwartungen und Vorhersagen untersuchen und versuchen, diese zu korrigieren, insbesondere gegenüber marginalisierten Gruppen.

Wir wenden uns nun den individuellen Fällen der sich selbsterfüllenden Prophezeiung zu, also jenem Bereich, in dem unsere eigenen Vorhersagen unser Gefühlsleben, unsere Entscheidungen und unser Schicksal beeinflussen. Wir alle haben Vorstellungen darüber, wer wir sind, was für eine Persönlichkeit, welche Fähigkeiten und welche positiven und negativen Eigenschaften wir haben. Es fühlt sich gut und richtig an, sich diesen Vorstellungen entsprechend zu verhalten. Denn dann passen das Selbstbild und die Handlungen und Gefühle zusammen und wir erleben uns selbst als authentisch. Aber natürlich passen unsere Verhaltensweisen nicht immer zu unseren Vorstellungen. Auch hier kommt meistens der oben beschriebene Mechanismus zum Tragen: Was nicht ins Selbstbild passt, wird passend gemacht – oder ignoriert.

Es ist schwierig zu erkennen, dass die Vorstellungen, die wir darüber haben, wer wir sind, nicht stimmen. Und mindestens genauso schwierig ist es, diese Vorstellungen über sich selbst zu ändern. Hierzu gehört auch der Gedanke der Selbstverwirklichung: Das wahre Ich mit seinen Eigenschaften, Fähigkeiten, Wünschen und Zielen würde irgendwo in einem bereits existieren, sei jedoch dort versteckt und müsse durch aktives Zutun erst Wirklichkeit werden. In der Psychologie ist dies als Theorie der Selbst-Verifikation bekannt.[76]

Ein klassisches Beispiel für die sich selbst erfüllende Prophezeiung mit Selbstbezug ist die Hypochondrie, die ständige Befürchtung, schwer erkrankt zu sein. Sie führt dazu, dass die oder der Betroffene sich ausgiebig mit der eigenen Gesundheit beziehungsweise mit möglichen Symptomen befasst, ständig grübelt, ob irgendetwas wehtut oder sich anders anfühlt. Diese andauernde Sorge führt zu chronischem Stress und so möglicherweise tatsächlich zu einer Krankheit. Natürlich kann der betroffene Mensch auch einfach zufällig erkranken und dies dann als Bestätigung anführen, dass die vorausgegangene Sorge begründet war. Und schließlich könnte man anführen, dass die Hypochondrie selbst krankhafte Züge annehmen kann und sich auf diesem Wege selbst rechtfertigt. Tatsächlich ist Hypochondrie im ärztlichen Manual ICD-10 als psychische Störung gelistet, die eng mit der Angststörung zusammenhängt.

Dank des Internets haben wir Besorgten, zu denen auch ich leider eindeutig zähle, die Möglichkeit, ungewohnte Empfindungen im Körper «mal kurz» zu googeln – und werden sogleich mit unzähligen schweren Erkrankungen als Erklärung konfrontiert. Die Medizin-Ratgeber im Internet listen gern alle möglichen Ursachen auf: Kopfschmerzen könnten Spannungskopfschmerzen sein oder ein Hinweis auf einen Gehirntumor. Die Wahrscheinlichkeit dafür ist gering, doch leider existiert sie. Und wenn man das einmal gelesen hat, bleibt oft die Sorge um eben diese winzige

Wahrscheinlichkeit zurück. Das ist logisch, schließlich folgen wir damit unserem Selbsterhaltungstrieb: Die eigene Gesundheit ist von unschätzbarem Wert. Dies führt zumindest bei mir dazu, dass ich beginne, mich selbst noch genauer zu beobachten, besonders im Hinblick auf mögliche andere Symptome, die die medizinische Website als Hinweise auf die schwere Erkrankung aufgelistet hatte. Dies kann den seltsamen Effekt haben, dass man plötzlich tatsächlich diese Symptome an sich entdeckt. Nicht, weil man sie durch Gedanken herbeigeführt hätte, sondern häufig, weil es gängige, unspezifische Empfindungen sind, denen man sonst wenig Aufmerksamkeit geschenkt hätte, zum Beispiel ein Unwohlsein im Magen.

Ein weiteres Beispiel, das sicher viele nachvollziehen können, ist das der Kurzatmigkeit: Wer in der Coronapandemie besorgt ist, an Corona erkrankt zu sein, erkannte auf einmal Symptome an sich, ein Kratzen im Hals, eine verstopfte Nase oder einen Kopfschmerz. Die nun einsetzende Angst kann schnell zu Kurzatmigkeit führen, welche dann wiederum als Bestätigung der Erkrankung interpretiert wird. Im Falle der eingebildeten Krankheit handelt es sich also nicht um eine Prophezeiung, die sich wortwörtlich erfüllt, sondern vielmehr häufig darum, dass man Symptome an sich entdeckt, die die eingebildete Krankheit anzeigen.

Es gibt zum Glück auch positivere Beispiele für die sich selbst erfüllende Prophezeiung: etwa den Glauben, dass Aufregung und Lampenfieber vor einer Prüfung oder einem Auftritt hilfreich seien, indem sie dazu beitragen, den Körper oder den Geist auf die nun erforderliche Leistung vorzubereiten. Studien konnten zeigen, dass diejenigen, die dieser Auffassung waren, tatsächlich besser in einer Prüfung abschnitten, als die Teilnehmer:innen, die versuchten, das Herzklopfen einfach zu ignorieren.[77] Ähnliches gilt für die Einschätzung von Stress als «positiv» oder «negativ»: Wer Stress als etwas Positives oder sogar Angenehmes bewertet, der oder die zeigt tatsächlich eine bessere Stressreaktion und kann diese effektiver in Leistung umwandeln. Dies wiederum verstärkt den Glauben daran, dass Stress positiv sein kann und so setzt sich der Kreislauf fort.

Die Selektion von Wahrnehmungen ist so gut wie immer ein unbewusster Vorgang. Wir bemerken diese Vorgänge am ehesten, wenn jemand anders uns darauf aufmerksam macht. Dies ist ein wichtiger Punkt. Ansonsten könnten wir leicht darauf verfallen, allen Pechvögeln, aber auch Menschen mit psychiatrischen Störungsbildern vorzuwerfen, die Welt absichtlich als negativ wahrzunehmen. Der Ausspruch: «Sieh doch mal das Positive!» hat aber noch keinem geholfen. Doch dass diese Vorgänge unbewusst ablaufen, bedeutet wiederum nicht, dass wir sie nicht ans Licht des Bewusstseins heraufholen können. Auch sind wir auf unser Weltmodell nicht festgelegt. Wer als Kind oder Jugendlicher ein Weltmodell entwickelt hat, welches ihm oder ihr vor allem negative Erwartungen an die Welt und die Mitmenschen nahelegt, kann dies als Erwachsener anpassen. Allerdings kostet dies Mühe, Zeit und Energie. Ein pessimistisches Weltmodell ist kein falsches Weltmodell und entsteht nicht ohne Grund!

Der eben bemängelte Rat, doch mal das Positive zu sehen,

ist in Anbetracht der selektiven Wahrnehmung eigentlich sogar richtig. Nur gelingt das nicht so nebenbei, schließlich hat man als Erwachsener das Weltmodell lange einstudiert und poliert. Auch hilft der allgemeine Hinweis auf «das Positive» wenig. Wer die Selbsteinschätzung ändern möchte, kann versuchen, die eigene Wahrnehmung offen zu halten für angenehme und schöne Ereignisse, und diese, wenn sie eintreten, entsprechend zu würdigen. Man kann mit anderen darüber sprechen, welche guten Zufälle einem zugestoßen sind, oder diese aufschreiben, um die eigene Aufmerksamkeit auf die kleinen Glücksmomente zu verschieben.

Ein weiterer Aspekt, der die ganze Sache noch komplizierter macht, ist die insbesondere unter Pessimisten verbreitete Auffassung, als ebendieser auf die schlechten Sachen vorbereitet zu sein. Während der Optimist nicht für schlechte Zeiten vorsorgt und auch keine positiven Überraschungen erlebt. Auch daran ist etwas Wahres: Erwartet man ein abscheuliches Essen und bekommt dann ein relativ annehmbares Mahl vorgesetzt, ist man positiv überrascht, das heißt, man erlebt einen positiven Vorhersagefehler. Wer hingegen ein besonders schmackhaftes Essen erwartet, wird von dem lediglich annehmbaren Mahl enttäuscht sein – es ergibt sich ein negativer Vorhersagefehler.

Hierbei spielen zwei verschiedene Mechanismen mit, die unterschiedliche Auswirkungen haben: Der selbsternannte Glückspilz oder Optimist erwartet mehr Gutes und bemerkt dieses eher aufgrund der selektiven Wahrnehmung – doch fällt die positive Überraschung insgesamt kleiner aus,

wenn die Erwartung sich erfüllt. Ein Pechvogel oder Pessimist hingegen erwartet das Schlimmste und ist nicht überrascht, wenn es eintrifft – ignoriert dafür aber viele positive
Ereignisse, die sich nicht ins Weltmodell (oder auch: Selbst-
modell des Pechvogels) einordnen lassen. Als Pessimist ver-
meidet man Risiken und verpasst so womöglich Gelegenheiten für glückliche Zufälle. Am besten wäre es, wenn wir
weder eingefleischte Pessimisten noch Optimisten wären,
sondern uns irgendwo dazwischen bewegen könnten. Doch
wir können uns unser Umfeld und unsere Kindheitserfah-
rungen nicht aussuchen, aufgrund derer wir unser Weltmodell ausgebildet haben. Wir können aber, wenn wir Ge-
duld und Mitgefühl mit uns selbst mitbringen, versuchen,
dieses Modell flexibel zu halten, indem wir offen bleiben für
neue Erfahrungen und eine andere Einordnung von Gegebenheiten. Im besten Fall gelingt es, eine realistische Weltsicht und möglichst geringe Erwartungen mit einem Glücks-
pilz-Selbstmodell zu kombinieren.

Positiv denken

Das vorige Kapitel sollte bereits klargemacht haben, woher
die große Anziehungskraft der Idee stammt, man müsse
nur positiv denken – und die guten Ereignisse würden sich
schon von selbst einstellen. Tatsächlich kann es sich – aufgrund der selektiven Wahrnehmung – für den Einzelnen so
anfühlen. So haben sich unzählige Praktiken herausgebildet, die auf dieser an sich simplen Idee beruhen, von der re-

ligiösen Praxis über die positive Psychologie hin zu der «Law of Attraction»-Bewegung.

In religiöser Hinsicht bedeutet positives Denken vor allem Hoffnung und Zutrauen in Gott. Der Begriff der Hoffnung beschreibt genau dies: etwas Gutes, etwas Positives zu erwarten, ohne irgendeine Gewissheit, dass dies eintreten wird. In der christlichen Religion ist die Hoffnung vor allem die Hoffnung auf Erlösung, doch schwingt sie eben auch in den anderen Beziehungsmomenten zu Gott mit, im Gebet als Hoffnung auf Erhört-Werden, in der Beichte als Hoffnung auf Vergebung. Auch der Gedanke, dass selbst die schweren Momente im Leben einen tieferen Sinn haben, von Gott geleitet oder auf andere Weise vorherbestimmt sind, sind Gedanken der Hoffnung. Vergleichbare Konzepte finden sich im Judentum und im Islam.

Die «Law of Attraction»-(Gesetz der Anziehung-)Bewegung geht mit der Hoffnung auf die Kraft der positiven Gedanken ins Extreme. Das Prinzip ist simpel: Man soll genau wissen, was man sich wünscht, es sich vorstellen, visualisieren. Man soll fest daran glauben, dass dieses Ereignis eintreten wird – und dann wird es sich auch einstellen. Das Ganze wird mit pseudowissenschaftlichen Erklärungen untermauert. Problematisch ist hierbei, dass es sich um ein angebliches *Gesetz* handelt. Daraus ergibt sich schnell der Schluss: Wenn das Gewünschte nicht eingetreten ist, dann hast du es auch nicht wirklich gewollt. Umgekehrt ergibt sich ein sogar noch schlimmerer Schlusssatz: Wenn etwas Schlimmes eintritt, dann geschieht dies, weil du es dir gewünscht hast.* Die Verantwortung, ja sogar die Schuld für Misserfolge werden hier also komplett dem Individuum angelastet, jegliche Zufälle und Gegebenheiten der Lebenswelt hingegen völlig außer Acht gelassen.

Auch die sogenannte positive Psychologie widmet sich ähnlichen Konzepten, allerdings auf wissenschaftlich fundiertere Art und Weise. Die positive Psychologie entstand als eine Reaktion auf den Fokus der psychologischen Forschung auf negative Emotionen, Fehlverhalten und Störungen. Studien aus dem Bereich der positiven Psychologie untersuchen, was zum seelischen Wohlbefinden eines einzelnen Menschen oder auch einer ganzen Gesellschaft beiträgt. Die Forschung zeigt allerdings, dass neben positivem Denken noch viele weitere Faktoren zum Wohlergehen beitragen – die Gesundheit, die Fitness, die Ernährung, das soziale Umfeld und die Frage, wie stark man in dieses Umfeld eingebunden ist, um nur einige Faktoren zu nennen.[78] Das Leben ist viel zu komplex, um sich durch ein so simples Mindset, wie das des positiven Denkens, steuern zu lassen.

Dennoch lässt sich sagen, dass die positive Psychologie einige Strategien erforscht hat, die uns helfen können, unser Wohlergehen zu steigern. Hierzu gehört, die eigene Vergangenheit als gegeben zu akzeptieren und mit ihr abzuschließen, sich also nicht in Grübeleien über das, was sich

---

* Eine gute Zusammenfassung findet sich hier: https://www.psychology-today.com/intl/blog/the-blame-game/201609/the-truth-about-the-law-attraction?page=1

nicht mehr ändern lässt, zu verlieren. Außerdem, der Gegenwart offen gegenüberzustehen. Und letztlich der Zukunft optimistisch und hoffnungsvoll entgegenzusehen.

Eine weitere, im Rahmen der Achtsamkeitsbewegung häufig empfohlene Strategie ist die der Dankbarkeit: sich abends gute Momente vor Augen zu führen und sie gezielt mit Dankbarkeit zu besetzen. Wenn man sich vornimmt, zum Tagesausklang eine bestimmte Anzahl positiver Augenblicke aufzuschreiben, wird man wahrscheinlich tagsüber bewusst die Sinne offen halten für schöne Erfahrungen, man wird diese öfters bemerken und ihnen mehr Aufmerksamkeit widmen. Mit Hilfe dieser Strategie verleiht man den guten Erfahrungen mehr Salienz, was wiederum dazu führt, dass man sich besser an sie erinnert. Wer dies regelmäßig macht, müsste langfristig tatsächlich in der Lage sein, die Erwartungen an die Welt, die Vorhersagen über mögliche Ereignisse, kurz das Weltmodell des Gehirns zu verändern.

Ein häufiger Kritikpunkt gegenüber der positiven Psychologie ist, dass sie sich lediglich um das Wohlergehen des Einzelnen bemühe, so womöglich Selbstbezogenheit und Egoismus fördere. Vertreter der positiven Psychologie hingegen betonen in der Regel, dass vor allem die soziale Gemeinschaft und sinnstiftende Aktivitäten Glück und Zufriedenheit vermitteln. Denn wer sagt denn, man könne nur dankbar sein für Ereignisse, die für einen selbst schön und angenehm waren? Ebenso kann ich dankbar dafür sein, dass meine Kinder einen schönen Tag im Garten hatten, dass ich meinem Hund einen zusätzlichen Spaziergang ermöglicht habe, dass mein Partner einen netten Abend mit einem Freund verbringt oder dass mein Einsatz bei der Arbeit das Leben eines mir fremden Menschen verbessert hat.

Ein valider Kritikpunkt an der positiven Individualpsychologie ist, sie ignoriere, dass die Lebenswelt eines Menschen stark von der Gesellschaft bestimmt ist. Dem Einzelnen kann nicht die komplette Verantwortung für das eigene Wohlergehen angelastet werden, während die Lebensbedingungen dem Wohlergehen häufig entgegenwirken. Wer nach einem langen Arbeitstag noch die Kinder versorgen, einkaufen und den Haushalt erledigen muss, wer dann vor dem Einschlafen von Geld- oder Zukunftssorgen geplagt wird, wird kaum die Energie oder die Zeit aufbringen können und wollen, ein Dankbarkeitstagebuch zu schreiben. Die Strategien der positiven Psychologie können nicht schwierige Lebensbedingungen aufheben und sollten daher besser als ergänzende Impulse verstanden werden, um Wohlbefinden trotz schwieriger Lebensumstände zu fördern.

Positiv denken, Dankbarkeit und Hoffnung, Verbundenheit und soziale Gemeinschaft – in der Schnittmenge all dieser Bereiche finden wir die Praxis der sogenannten Loving-Kindness-Mediation. Bei der klassischen Meditation fokussiert der oder die Meditierende auf sich, auf die Atmung, die Vorgänge im Körper oder versucht das eigene Bewusstsein zu leeren. Bei der Methode der Loving-Kindness-Meditation widmet sich der oder die Übende innerlich der Liebe und den guten Wünschen für andere. Man stellt sich zuerst einen Menschen vor, der einem nahe ist, zum Beispiel den Partner oder die Kinder, also jemanden, für den man Liebe und Wohlwollen empfindet. Nun ruft man in sich dieses positive Gefühl dem anderen Menschen gegenüber hervor. Man kann dies kognitiv unterstützen, indem man wie in einem Mantra diesem Menschen beispielsweise Glück, Wohlergehen und Gesundheit wünscht. Gelingt es, diese Gefühle von Liebe, Mitgefühl und Wohlwollen hervorzurufen (bei den meisten stellt sich dann ein warmes Gefühl in der Körpermitte ein), kann man versuchen, sie auf andere Menschen auszuweiten und sich auch diesen gegenüber positiv zu fühlen und ihnen Gutes zu wünschen. Zuerst auf Menschen aus dem Freundes- und Familienkreis, dann auf Kolleg:innen und Bekannte, Nachbar:innen, Unbekannte. Natürlich muss man sich nicht auf Menschen beschränken, man kann auch den eigenen Haustieren, den kleinen Vögeln im Garten, ja den Bäumen und Blumen Gutes wünschen. Die Königsdisziplin dieser meditativen Übung besteht darin, auch Menschen, die man geringschätzt, die man gar verabscheut, Wohlwollen, Mitgefühl und gute Wünsche entgegenzubringen. Verschiedene Studien legen nahe, dass ein regelmäßiges Praktizieren der Loving-Kindness-Meditation das eigene Wohlbefinden verbessert,[79, 80] das Gefühl von sozialer Verbundenheit[81] und der Eingebundenheit in die Natur verstärkt.[82] Auch hier gilt: Regelmäßiges Üben wird langfristig das Weltmodell im Gehirn verändern. Gut möglich also, dass auf die guten Wünsche auch Taten folgen, die unseren Mitmenschen und Mitgeschöpfen das Dasein erleichtern.

Priming und unbewusste Wahrnehmungen

In Disney-Filmen sollen versteckte sexuelle Botschaften und Bilder zu finden sein. Zum Beispiel soll in *Der König der Löwen* das Wort «Sex» in einer Staubwolke lesbar sein und in *Arielle* soll der Bischof bei der Hochzeitsszene eine Erektion haben (dies ist aber wohl eigentlich sein Knie, sagt jedenfalls der Zeichner). Ein ähnliches Gerücht behauptet, dass versteckte Botschaften in Rocksongs zu hören seien, wenn man diese rückwärts spielt. Ob diese geheimen Nachrichten wirklich existieren beziehungsweise absichtlich versteckt wurden oder doch nur der ausgeprägten Fantasie der Fans entsprungen sind, weiß ich nicht. Doch die zahlreichen Artikel im Internet, die sich dem Thema der versteckten Botschaften widmen, zeigen, welche Faszination das Thema ausübt.

Während anzügliche Anspielungen in Kinderfilmen vielleicht gerade noch für einigermaßen unterhaltsamen Gesprächsstoff auf einer nicht so unterhaltsamen Party taugen, sind die Gerüchte um in Massenmedien versteckten Botschaften besorgniserregender. Bilder und Wörter sollen demnach in Filmen oder Werbespots so kurz aufblinken, dass wir sie nicht bewusst wahrnehmen. Doch, so wird behauptet, erreichen diese Botschaften unser Unterbewusstsein und hätten auf diese Weise Zugang zu unseren Wünschen und Bedürfnissen. Unser Kauf- oder Wahlverhalten könnte so unmittelbar und unauffällig manipuliert werden. Mit genau demselben Versprechen werden auch zahlreiche

Selbsthilfe-Programme angepriesen: Etwa in Musikdateien versteckte Nachrichten sollen unser Unterbewusstsein erreichen und uns so beim Abnehmen, beim Nikotinentzug und bei der Stärkung des Selbstbewusstseins helfen.

Sowohl die Manipulationsgerüchte als auch die Selbsthilfe-Programme beziehen sich auf einen Effekt, der in der Psychologie als «Priming» bekannt ist. Tatsächlich gibt es zahlreiche Beispiele dafür, wie Priming unsere Kaufentscheidungen und andere Verhaltensweisen beeinflussen kann. Zum Beispiel wählen Käufer:innen häufiger einen französischen Wein, wenn im Hintergrund französische Musik gespielt wird[83] – ohne sich dieses Zusammenhangs bewusst zu sein. Die Angst vor dieser Art der Manipulation hat in den USA dazu geführt, dass Botschaften, die unterhalb der Wahrnehmungsschwelle eingeblendet werden, gesetzlich verboten sind. Auch in Deutschland muss Werbung als solche gekennzeichnet sein. Bedeutet das, dass wir wirklich durch das millisekundenlange Aufblitzen der Botschaft «Hunger – kauf Popcorn!» im Kino Lust auf Popcorn bekommen? Kann der von Entspannungsmusik übertönte Satz «Du bist stark!» unser Selbstwertgefühl verbessern? Um dies besser beurteilen zu können, wollen wir uns die Forschung zum Thema Priming genauer ansehen. Dafür machen wir zuerst einen Schritt zurück und beginnen mit einem viel harmloseren Beispiel.

Auf der Arbeit spreche ich englisch oder schwedisch mit meinen Kolleg:innen, die aus aller Welt in diese schwedische Kleinstadt gekommen sind, um zu forschen. So ist es verständlich, dass kulturelle Unterschiede und die vielen

verschiedenen Muttersprachen häufig Thema unserer Un-
terhaltungen sind. Es hat sich herumgesprochen, dass
man im Deutschen durch kreatives Zusammensetzen von
Wörtern neue Ausdrücke bilden kann. Donauschifffahrt-
gesellschaftskapitänsmütze und so weiter. «How do you say
this in German?» ist daher eine Frage, die ich öfter zu hören bekomme. Ich bin es aber nicht gewöhnt, bei der Arbeit
deutsch zu sprechen. Und so kann es passieren, dass ich die
Frage nicht beantworten kann, das Wort fällt mir einfach
nicht ein. Natürlich geschieht dies nicht immer, meistens
habe ich durchaus «Zugriff» sowohl auf das deutsche als
auch auf das englische Wörterbuch im Kopf, doch es kommt
durchaus vor, dass ich diesen Zugriff auf einmal – und nur
vorrübergehend – verliere. Einfach deshalb, weil ich in der
aktuellen Situation und mit der aktuellen Gesprächspartne-
rin oder dem Gesprächspartner normalerweise diese Sprache nicht benötige. Manchmal fällt mir das Wort nach ei-
nigem Nachdenken ein, manchmal aber auch nicht. Dann
kann es vorkommen, dass ich mich erst am nächsten Tag,
wenn ich mit meinen Kindern deutsch spreche, erinnere.

Dieses Erlebnis verdeutlicht sehr anschaulich, wie das
Gehirn das Problem der «Rechenkapazität» (wie man in
unserem Computer-Zeitalter sagt) löst. Um in jeder Situation angemessene Vorhersagen zu treffen und unsere Verhaltensweisen an die aktuellen Gegebenheiten anzupassen,
muss das Gehirn nicht nur ein komplexes Modell der Welt
erstellt haben, sondern auch im richtigen Moment die richtige Vorhersage aus einer Unzahl verschiedener Möglichkeiten auswählen. Das kostet Energie – und würde zu lange

dauern, würde es dabei alle möglichen Ursachen für eine Wahrnehmung, sowohl die wahrscheinlichen als auch die unwahrscheinlichen, durchkämmen. Um weder Energie noch kostbare Zeit zu verschwenden, muss die Auswahl deutlich beschränkt werden. Dies kann auch erklären, weshalb ich manchmal den Zugriff auf das Deutschwörterbuch in meinem Kopf verliere. Da unsere Fähigkeit, sich an etwas zu erinnern, durch die umgebende Situation verbessert oder verschlechtert werden kann, wird Schüler:innen und Studierenden empfohlen, unter Bedingungen zu lernen, die der Prüfungssituation ähneln. So kann man bei der Vorbereitung auf eine mündliche Prüfung jemanden bitten, einen abzufragen, anstatt die Antworten aufzuschreiben. Solche situationsgebundenen Informationen helfen uns auch, möglichst schnell die richtige Entscheidung zu treffen.

Relevant ist dies insbesondere dort, wo es sich um eher unwichtige, alltägliche Entscheidungen handelt und wenn die Auswahl schwerfällt, weil es keinen klaren Favoriten gibt – etwa welche Sorte Wein man im Supermarkt noch schnell in den Einkaufswagen packt. In diesem Fall können Sinneseindrücke und Ereignisse in unserer Umgebung ausschlaggebend sein – und zwar ohne dass wir es bemerken. Gerade in Bezug auf Entscheidungen ist es jedoch wichtig, anzumerken, dass Priming nicht die «großen» Entscheidungen im Leben steuert, also nicht, welchen Beruf oder Partner man wählt. Im Kleinen jedoch, in den Bereichen des Alltags, wo Entscheidungen nicht so schwer wiegen, nebenbei geschehen und wo die zur Auswahl stehenden

Optionen alle relativ vergleichbar sind, kann Priming tatsächlich ausschlaggebend für eine Entscheidung sein.

In der psychologischen und neurowissenschaftlichen Forschung wird Priming häufig mit Hilfe von Aufgaben untersucht, bei denen die Teilnehmer:innen durch Wortlisten auf bestimmte Ausdrücke oder Konzepte geprimt werden sollen. Wer beispielsweise gerade eine Wortliste aus dem Bereich Nahrungsmittel gelesen hat, wird danach schneller eine Obstsorte nennen können als ein Werkzeug. Diese Unterschiede sind für den Alltag aber nicht ausschlaggebend, außer vielleicht beim Stadt-Land-Fluss-Spielen. Denn meist handelt es sich um Unterschiede in der Reaktionszeit, die sich im Millisekunden- oder Sekundenbereich bewegen. Ein anderer experimenteller Ansatz besteht darin, den Teilnehmer:innen Bilder zu zeigen, deren Inhalt schwer zu erkennen ist, weil sie teils verdeckt oder verschwommen sind. Auch hier hat das vorherige Aufrufen eines Konzeptes, zum Beispiel «Essbares», einen Einfluss auf die Vorgänge im Gehirn. Ist auf dem verschwommenen Bild ein Apfel zu sehen, erkennen Teilnehmer:innen dies dann schneller und leichter, als wenn es sich um einen anderen Alltagsgegenstand handelt.

Dies mag simpel erscheinen, doch es gibt uns eine tiefe Einsicht in die Arbeitsweise des Gehirns: Anstatt das verschwommene Bild in Hinblick auf *alle* möglichen Objekte zu analysieren, also auf jeden auf der Welt vorhandenen Gegenstand, nutzt das Gehirn die umgebende Situation, also hier die Wortliste, um eine Vorhersage zu treffen, was denn am wahrscheinlichsten auf dem Bild zu sehen ist. Interessanterweise finden sich diese Priming-Effekte nicht nur bei Menschen, die sich der voraufgegangenen Erfahrung bewusst sind, die also in unserem Beispiel wissen, welche Wörter sie gerade gelesen haben («explizite Erinnerung»), sondern sogar bei Menschen, die aufgrund von Gehirnschäden im Temporallappen ihr Erinnerungsvermögen verloren haben.[84] Selbst wenn diese Versuchsteilnehmer:innen sich nicht mehr bewusst an ein Wort erinnern konnten, dass sie vorher gehört hatten, fiel es ihnen leichter, dieses Wort zu vervollständigen (verglichen mit einem Wort, das vorher nicht genannt worden war). Dies zeigt uns, dass es unterschiedliche Prozesse im Gehirn sind, die zum Priming oder zum bewussten Abrufen von Gedächtnisinhalten beitragen – und es legt nahe, dass unbewusste Sinneseindrücke womöglich doch unser Verhalten beeinflussen.

Die Forschung zum Thema Priming ist sehr breit und deckt nicht nur einfache Erinnerungsaufgaben oder Shoppingentscheidungen ab, sondern erstreckt sich auch auf die Bereiche Pädagogik, Politik, Sport, zwischenmenschliche Interaktion und in die Wahrnehmung und Nutzung von Musik und Sprache. Der Priming-Effekt wird aber auch missbraucht, unter anderem, wenn selbsternannte Heiler:innen oder Lebensberater:innen versuchen, mit Hilfe des Priming-Effektes bestimmte Veränderungen bei ihren Klient:innen hervorzurufen. So zum Beispiel das sogenannte «neurolinguistische Programmieren», auch bekannt unter der Abkürzung «NLP». Diese Methode basiert zwar teilweise auf wissenschaftlich fundierten Grundannahmen,

diese werden jedoch in der praktischen Umsetzung über-
höht und mit nicht belegten Aussagen kombiniert.[*] So sollen zum Beispiel die Augenbewegungen des Klienten anzeigen können, ob die Person sich gerade an Gesehenes oder
Gehörtes erinnert oder sich Bilder und Töne ausdenkt: Wer
lügt, schaut nach rechts, wer die Wahrheit sagt, nach links.
Erinnert man sich an Bilder, schaut man nach links oben,
erfindet man neue Wörter, bewegen sich die Augen waag-
recht nach rechts. Studien haben jedoch ergeben, dass die
Augenbewegungen weder in Zusammenhang mit der senso-
rischen Modalität[85] (also Sehen oder Hören) noch mit dem
Wahrheitsgehalt des Gesagten stehen.[86]

Mit NLP soll Erfolg «programmiert» werden, indem die
Klient:innen sich das zukünftige erfolgreiche Leben vorstellen oder versuchen, auf die gleiche Art und Weise zu denken
wie ein erfolgreiches Vorbild. Der Sprung vom klassischen
Priming, also von Wortlisten, die dann die Reaktionszeiten
um Millisekunden verändern, zur allumfassenden Psycho-
technik, mit der man Erfolg in sein Leben zaubert, ist jedoch zu groß. Ebenso wie «Law of Attraction» nutzt NLP
gezielt isolierte Forschungsergebnisse, um sich zu einem

---

* Siehe für eine kurze, treffende Kritik den Blog vom Wirtschaftspsycho-
  logen Prof. Dr. Kanning: https://www.haufe.de/personal/hr-manage
  ment/kolumne-wirtschaftspsychologie-der-grosse-nlp-bluff_80_
  293758.html. Ein aufschlussreicher Bericht von der Teilnahme am NLP-
  Training findet sich hier: https://www.zeit.de/karriere/beruf/2013-09/
  selbsterfahrungsbericht-nlp-workshop/komplettansicht. Weitere Infos
  auch bei der Gesellschaft zur wissenschaftlichen Untersuchung von
  Parawissenschaften: https://www.gwup.org/infos/themen/92-psycho
  techniken/65-neurolinguistisches-programmieren-nlp

System zu erheben (für dessen Erlernen man dann ordentlich zahlen muss), welches in seiner Gesamtheit nur als Pseudowissenschaft zu werten ist. Die wenigen unabhängigen Studien, die existieren, zeigen, dass neurolinguistisches Programmieren keinerlei Vorteile für die Klient:innen herbeiführt.[87]

Zu den Techniken des NLP gehört auch das Vermitteln versteckter Mitteilungen in verschachtelten Geschichten, die Trainer:innen ihren Klient:innen erzählen. So soll ein direkter Zugang zum Unterbewussten ermöglicht werden – mit der Hoffnung, dass das Gegenüber dadurch stärker beziehungsweiser «tiefer» (weil unterbewusst) beeinflusst werden könne. Die Idee des mächtigen Unterbewussten ist nichts Neues – und mit ihr auch die Versuche, andere Menschen durch den Zugang zu ihren tiefsten Wünschen und Ängsten zu manipulieren und zu steuern. Darüber schrieb ja bereits Freud ausgiebig. Ist also doch etwas dran?

Die Priming-Studien zeigen, dass unbewusst wahrgenommene Informationen das Verhalten beeinflussen können,[88] indem Reaktions- oder Erinnerungsgeschwindigkeiten erhöht oder verlangsamt werden. Bedeutet das aber auch, dass schlaue Werbestrategen oder Politiker durch versteckte Botschaften in Werbeclips unser Kauf- oder Wahlverhalten steuern könnten? Bekommen wir Hunger auf Pizza oder Lust auf Cola, wenn ein entsprechendes Bild für einen so kurzen Moment auf dem Fernsehbildschirm erscheint, dass wir dieses nicht bewusst wahrnehmen? Könnten gar versteckte Nacktbilder unsere Aufmerksamkeit auf Werbespots ziehen, ohne dass wir verstehen, warum? Können nicht bewusst hörbare Botschaften in Musikstücken mitlaufen und unsere politische Einstellung ändern oder uns helfen, mit dem Rauchen aufzuhören?

Studien zeigen, dass wir sehr kurz aufblinkende Bilder nicht bewusst wahrnehmen, aber doch unbewusst gesehen haben können. So berichten Proband:innen, nichts gesehen zu haben, und können doch (wenn sie müssen) unter zwei Bildern dasjenige auswählen, welches für Millisekunden auf dem Bildschirm erschien. Sogar etwas kompliziertere Aufgaben, als die Auswahl zwischen zwei Bildern, lassen sich primen: zum Beispiel die korrekte Zuordnung von Portraits zu geschätztem Einkommen durch eine vorherige unbewusste Kombination der entsprechenden Portraits mit einer Berufsbezeichnung.[89] Also können wir doch zu Opfern geheimer Manipulationsversuche werden? Nun, so einfach ist es nicht. Schließlich fand die Studienteilnahme freiwillig statt, die Proband:innen befolgten also gern die Aufforderung, dieses oder jenes Bild anzuklicken. Zudem bekamen sie immer genau zwei Antwortmöglichkeiten vorgesetzt. Und vor allem: Das Anklicken eines der Bilder hatte keinerlei Konsequenzen für das Leben der Proband:innen. Eine schnellere Reaktionszeit oder das korrekte Identifizieren eines Pizza-Bildes in einer Studie bedeuten also nicht, dass man Hunger auf Pizza bekommt – zumindest nicht stärkeren Hunger, als ein tatsächlicher Pizza-Werbespot auslösen kann. Es bedeutet auch nicht, dass man diesem Hunger nun ausgeliefert ist und ferngesteuert zum Backofen läuft, um die Pizza aufzubacken.

Der aktuelle Stand der Forschung stützt lediglich folgendes Beispiel: Man ist hungrig, man hat Lust auf Pizza und sieht nun unbewusst das Bild einer bestimmten Marke. In diesem Fall kann eventuell die Wahl der Pizza-Marke beeinflusst werden, ähnlich wie französische Musik zum Kauf französischen Weins anregt. Voraussetzung hierfür ist jedoch, dass man zwei Pizzen von zwei verschiedenen Produzenten im Tiefkühler hat, von denen eine durch das unbewusst gesehene Bild geprimt wurde. Der tatsächliche Effekt solcher Werbebotschaften, wenn sie denn existieren, kann im Alltag also eigentlich keine besorgniserregende Wirkung auf uns haben.[90]

Bei unhörbaren Botschaften in Musik kommt hinzu, dass das Verstehen ganzer Sätze wesentlich komplexer ist als das Erkennen eines Objektes oder einzelnen Wortes auf einem Bild. Dass eine stark verzerrte Sprachbotschaft unbewusst vom Gehirn verstanden und in Handlung verwandelt werden soll, ist unglaubwürdig. Noch unglaubwürdiger sind geheime Botschaften in Ultraschallfrequenz, auf die unsere Haarzellen im Ohr gar nicht reagieren. Und selbst wenn das Gehirn versteckte Sprachbotschaften entschlüsseln könnte – weshalb sollten diese unbewussten Botschaften unser Verhalten stärker beeinflussen als ein eindeutig vernommener Satz?* Dafür, dass unterschwellige Wahrnehmungen einen «tieferen» Zugang zu uns hätten, gibt es keinerlei Belege.

Trotzdem berichten Menschen immer wieder davon, dass ihnen Aufnahmen mit versteckten Selbsthilfe-Botschaften tatsächlich geholfen haben. Das könnte auf den Placebo-

---

* Mehr dazu hier: http://skepdic.com/subliminal.html

Effekt zurückzuführen sein, wie eine Studie nahelegt: Die Teilnehmer:innen wurden in drei Gruppen aufgeteilt. Eine Gruppe hörte Musik, in der angeblich unbewusste Botschaften versteckt waren. Eine weitere Gruppe hörte Musik, in der tatsächlich unterschwellige Sätze mitliefen. Und die dritte Gruppe hörte einfach die Sätze bewusst. Die erste Gruppe, also diejenigen, die glaubten, Musik mit versteckter Botschaft zu lauschen, zeigten ebenso eine Verbesserung ihres Selbstwertgefühls, wie die Teilnehmer:innen, die – bewusst oder unbewusst – Botschaften angehört hatten.[91]

Die Sorge, durch unterschwellige Botschaften manipuliert zu werden, ist zwar verständlich. Doch gleichzeitig finde ich die Aufmerksamkeit, die dieses Thema immer wieder erregt, absurd. Denn während es keine wissenschaftlichen Belege dafür gibt, dass unbewusste Wahrnehmungen einen größeren Einfluss auf unser Verhalten und unsere Entscheidungen ausüben als bewusste Wahrnehmungen,[92] wissen wir alle ganz genau, dass wir ständig durch Werbung zum Kaufen gedrängt werden. Oder durch reißerische Artikel und Videos zu einer bestimmten politischen Einstellung. Dafür müssen die Konzerne keine Botschaften unterhalb unserer Wahrnehmungsschwelle aussenden. Wer nicht zu ungewollten Käufen oder Wahlentscheidungen veranlasst werden möchte, tut besser daran, den Umgang mit den bewusst wahrnehmbaren Werbebotschaften im Fernsehen und auf sozialen Medien kritisch zu inspizieren, statt sich um unterschwellige Manipulation zu sorgen.

***

Was lässt sich den zahlreichen Forschungsbeiträgen zum Priming dann überhaupt entnehmen? Wir haben gesehen, dass Priming funktioniert – nur nicht in dem weitreichenden Maße, das versprochen beziehungsweise befürchtet wird. Man kann sich zum Beispiel selbst «primen», indem man sich gedanklich in eine bestimmte Situation versetzt oder gezielt auf bestimmte Aspekte eines Sachverhaltes fokussiert. So erinnert man sich besser an Ereignisse, die einem selbst in der Kindheit zugestoßen sind, wenn man vorher über sich als Person nachgedacht hat.[93]

Ähnlich funktioniert auch das Hervorrufen von Erinnerungen durch Gerüche, Lieder, ja vermutlich durch alle leiblichen Erfahrungen – die aufgrund einer gewissen Ähnlichkeit mit früheren Erfahrungen den Zugang zu Erinnerungsinhalten erleichtern können. Allerdings eben nur erleichtern, so dass man sich häufig auf halbem Weg des Erinnerns wiederfindet, sprich steckenbleibt. Wer kennt nicht dieses Gefühl, insbesondere bei Gerüchen: Diesen Geruch kenne ich doch, der erinnert mich an etwas – aber an was? Seltsam, dass man das reine Sich-Erinnern spüren kann, ohne Zugriff auf den Inhalt der Erinnerung zu haben.

Nudging

In der Forschung kann man durch unterschiedlich formulierte Anweisungen vor einem Experiment dessen Ergebnisse beeinflussen. Das scheint banal, doch ist dies für Forscher:innen ein kritischer Punkt: Man muss ganz genau überlegen, welche Anweisungen die Proband:innen erhalten, und man muss sicherstellen, dass alle genau die gleichen Anweisungen erhalten. Welche Wörter wir verwenden, wie genau wir etwas formulieren, kann einen starken Einfluss darauf haben, wie unser Gegenüber reagiert. Dies hat weitreichende Konsequenzen und betrifft unser alltägliches Miteinander. Schon kleine Unterschiede in einer Aufforderung an einen Mitmenschen können dessen Reaktion beeinflussen. Ein Klassiker, den alle Kinder zu hören bekommen: Wie heißt das Zauberwort? – Bitte, ja, genau, dann reiche ich dir auch die Butter. Ein anderes Beispiel stammt aus der Kommunikationstechnik, die empfiehlt, in Streitgesprächen mit dem Partner nicht das angreifende «Du sagst immer ...» zu verwenden, sondern den Satz mit einem Bezug zu sich selbst zu beginnen (also «Ich fühle mich verletzt, wenn du sagst, dass ...»). Hier ist der Inhalt der Aussage ähnlich, doch durch eine kleine sprachliche Modifikation verändert sich die Interpretation und eventuell auch die Reaktion des Gegenübers.

Mit «Nudging» (deutsch etwa «Anstupsen») bezeichnet man den Versuch, durch Begriffe, Bilder oder auch durch voreingestellte Vorschläge, unser Verhalten auf vorhersagbare Art und Weise zu beeinflussen, ohne andere Auswahloptionen zu verbieten.[94] Auch dies klingt nach Manipulation. Dieser negative Aspekt, dass Nudging von Konzernen und Politikern genutzt wird, um zu versuchen, die Entscheidungen der Menschen zu steuern, existiert durchaus. Allerdings heißt dies nicht, dass man die Strategie des Nudging grundsätzlich verteufeln sollte. Tatsächlich werden wir häufig auch zu Verhaltensweisen hin «gestupst», die für uns positive Folgen haben – und wir verwenden diese Strategie, meist unbewusst, auch selbst in alltäglichen Interaktionen mit unseren Mitmenschen, mit Freunden, Partnern oder Kindern. Im Alltag ist es oft auch gar nicht so schlecht, «genudged» zu werden, da es uns hilft, Entscheidungen zu treffen, die vielleicht nicht so wichtig sind, für die wir aber anderenfalls viel Mühe und Zeit aufwenden würden.

Ein Beispiel hierfür sind die Voreinstellungen, die auf unseren technischen Geräten vorhanden sind. Wer hat schon die Zeit, sich in alle Feinheiten einzuarbeiten? Allerdings: Beim Aufrufen der Voreinstellungen stößt man häufig auf Datenschutzlücken; die Konzerne sind meist daran interessiert, möglichst viele persönliche Daten von uns zu sammeln. Ähnlich verhält es sich mit den Cookies auf Websites; dort ist die Standardeinstellung, alle Cookies und alle Formen von Personalisierung und Tracking zu akzeptieren.

Ein Nudging, von dem man persönlich profitieren kann, ist das der Krankenkassen: Durch Gesundheitsprämien sollen die Versicherten dazu gebracht werden, sich mehr zu bewegen, sich gesünder zu ernähren oder mehr Selbstsorge zu betreiben. Man kann dies als einen Eingriff in den Umgang mit dem eigenen Körper betrachten und kritisch sehen. In diesem Sinne wird Nudging in der Politik auch als libertärer Paternalismus bezeichnet. Allerdings: Die meisten Menschen geben an, mehr Sport treiben zu wollen. Doch manchmal ist es eben einfach schwer, von der Couch hochzukommen, und da hilft es, wenn es einen zusätzlichen finanziellen Anreiz gibt, wie bei der Krankenversicherung.

Deutlich negativere Beispiele sind Fälle, in denen Politik oder Wirtschaft versuchen, unsere Ängste und Sorgen zu aktivieren, um uns dadurch zu einem bestimmten Verhalten zu drängen. Emotional präsentierte Einzelfallgeschichten lösen oft starke Reaktionen aus und kapern unsere Urteilskraft. So werden im politischen Wahlkampf oft tragische Einzelschicksale ausgenutzt, um mögliche Wähler auf die eigene Seite zu holen – und zwar in der gesamten Bandbreite des politischen Spektrums, allerdings vermehrt an den rechten und linken Außenseiten. Versicherungen nutzen diese Strategie ebenfalls gern. So erhält man bei der Kündigung der Unfallversicherung sogleich einen Brief mit Statistiken über die Häufigkeit und die Kosten von Unfällen.

Andere Anwendungen nehmen dem «genudgten» Menschen nichts weg, beeinflussen ihn oder sie nicht negativ, helfen aber anderen und erleichtern deren Arbeit. Ein lustiges Beispiel: Werden in die Pissoirs von Männertoiletten Bilder von Fliegen geklebt, zielen die meisten auf die Fliege, konzentrieren sich dabei besser, und hinterlassen so das Urinal sauberer. Auch die Umwelt kann vom Nudging profitieren:[95] Enthält die Standardversion beim Stromvertrag einen Anteil erneuerbarer Energien, wählen mehr Menschen diese.[96] Ist die Voreinstellung beim Drucker «doppelseitig» statt «einseitig», lässt sich der Papierverbrauch um 15% reduzieren.[97]

Eine Form von Nudging ist das «Framing» (deutsch «Rahmen»). Hierbei werden gezielt bestimmte Ausdrücke genutzt, um das Verhalten des Gegenübers zu beeinflussen. In der Werbung werden Produkte mit bestimmten Adjektiven bezeichnet, die eine bestimmte Kundengruppe ansprechen und dadurch zum Kauf anregen sollen. Nudges sind dort häufig so offenkundig, dass man diese eigentlich nicht mehr mit dem sanften Wort «anstupsen» bezeichnen kann. So schmecken die Chips aus der rosa Tüte für den «Mädels-abend» nach «creamy Paprika» und die aus der blauen Tüte für den «Männerabend» nach «flamed BBQ». Die «Män-nerbratwurst» schmeckt «deftig kräftig gewürzt» und die «Frauenbratwurst» ist «besonders mager».

Politiker:innen sind da schon geschickter in der gezielten Nutzung von Sprache. Dies sieht man gut am Beispiel der Klimapolitik: Der Ausdruck «Klimawandel» vermittelt nicht unbedingt die Bedrohlichkeit dessen, was uns bevorsteht; das Wort «Wandel» ist neutral bis positiv belegt. Dies haben die Klimaaktivist:innen realisiert und nutzen nun gezielt andere Ausdrücke, die die Dringlichkeit der Lage verdeut-lichen, zum Beispiel «Klimakrise» oder «Klimanotstand». Wie etwas benannt oder umschrieben wird, hat Einfluss auf unsere Wahrnehmung des Sachverhalts. Das haben Linguisten auch für viele andere politische Thematiken untersucht, zum Beispiel die Kriegsrhetorik. Die gezielte Anwendung von bestimmten Ausdrücken und Metaphern («Schurkenstaat», «die Achse des Bösen») erzeugen sche-matische Vorstellungen von Gut und Böse – davon, welcher Staat Feind, welcher Opfer und welcher Held ist.[98] Die Fol-gen solcher politischen Wortspielereien sind schwerwie-gend.

Eine weitere Nudging-Strategie ist es, der Zielperson Feedback über ihre Leistung zu geben. So kann die regelmäßige Rückmeldung über das Erreichen von Meilensteinen beim Sparen die Sparer:innen motivieren und bei Stange halten.[94] Fitness-Apps nutzen diese Strategie, um uns zu mehr Bewegung anzuregen: ein Piepsen nach 90 Minuten Sitzen, eine virtuelle Medaille für die höchste tägliche Schrittzahl im Freundeskreis.

Auch gezielte Veränderungen in der Umgebung können zu Verhaltensänderungen führen: Beim Einkauf im Supermarkt können die Kund:innen durch die Platzierung von Waren beeinflusst werden. Daher befinden sich die teureren Produkte meist auf Augenhöhe und die vergleichbare, billigere Version ganz unten im Regal. Die Größe der Teller beim All-You-Can-Eat-Buffet beeinflusst die Menge des Essens, die die Menschen zu sich nehmen – und auch wie viel am Ende im Müll landet.[99]

Bereits das reine Erwähnen sozialer Normverhaltensweisen kann ebenfalls individuelle Entscheidungen steuern. So benutzen Hotelgäste ihre Handtücher eher mehrmals, wenn sie darauf hingewiesen werden, dass die meisten anderen Gäste dies auch tun – verglichen mit dem Hinweis auf die Folgen für die Umwelt.[100]

Wir wenden solche Strategien auch häufig selbst im Alltag an, in der Kindererziehung, im Umgang mit unseren Nächsten oder auch im Job. Und je besser wir uns der Möglichkeiten des Nudging bewusst sind, desto erfolgreicher können wir es auch einsetzen, um unser eigenes, zukünftiges Verhalten zu steuern. Wir Menschen sind Gewohnheitstiere und wählen meist den Weg des geringsten Widerstands. Diese Einsicht kann man sich zu Nutzen machen, wenn man ein Ziel erreichen oder eine neue Verhaltensweise in den Alltag integrieren möchte. Darauf kommen wir im Schlussteil des Buches zurück.

Mind Reading

Nein, leider folgt nun keine Anleitung zum Gedankenlesen. Wobei «leider» hier vielleicht auch nicht das richtige Wort ist. Sicher wäre es ab und zu interessant, die Gedanken von Freund:innen oder Partner:innen lesen zu können, doch meistens ist es wohl besser, nicht zu wissen, was unsere Mitmenschen die ganze Zeit vor sich hindenken. Vermutlich ist das meiste höchst banal bis langweilig, aber mit Sicherheit ist einiges dabei, über das wir uns ärgern würden. Was nicht heißt, dass unsere Mitmenschen schlechte Menschen seien, sondern bloß, dass sich in unserer Gedankenwelt viele Sachen zutragen, die am besten dort bleiben sollten. Und das tun sie ja meist auch. Insgesamt sind wir recht gut darin, unser Verhalten gegenüber anderen so zu kontrollieren, dass es sozial annehmbar ist und dass der Frieden in unseren zahlreichen sozialen Zusammenkünften – bei der Arbeit, in der Familie, in der vollgestopften U-Bahn – gewahrt wird.

Vor diesem Hintergrund sollten wir auch die Versuche der Neurowissenschaften beurteilen, anhand von Gehirnscans das Gedachte zu identifizieren. In Gedanken spielen wir regelmäßig unterschiedliche Wirklichkeitsalternativen durch. Manche Menschen sind regelrechte Tagträumer:innen und können so in diesen Alternativszenarien versinken, dass sie für eine Weile die Realität um sich herum nicht mehr bemerken. Diese Tagträume reichen vom harmlosen Sich-Wegwünschen an einen schönen Strand mit Sonne bis zu wüsten Beschimpfungsphantasien, zum Beispiel an der Baustelle auf der Autobahn gegen diesen Typ, der das Reißverschlussprinzip nicht zu begreifen scheint und sich rücksichtslos dazwischen drängelt. Doch als wohlsozialisierte Mitglieder der Gesellschaft wissen wir uns (meist) zu benehmen und solche Phantasien bleiben privat. Insofern ist ein richtiges Gedankenlesen nicht wünschenswert.

Allerdings benötigen wir gar nicht die Hilfsmittel der Neurowissenschaft für ein gewisses, sagen wir, gesundes Maß an Gedankenlesen. Denn darin sind wir Menschen auch ohne jede explizite Technik schon überraschend gut. Unter Zuhilfenahme des Kontexts können wir die Gefühle und Absichten unserer Mitmenschen erstaunlich gut einschätzen, umso besser, desto näher wir jemandem stehen und desto mehr Zeit wir miteinander verbringen. Und das ist eigentlich auch nicht überraschend. Schließlich sind Menschen soziale Tiere, deren Überleben zu einem Großteil von der Gemeinschaft abhängt – heute mindestens in demselben Ausmaß wie vor Tausenden von Jahren in Jäger-und-Sammler-Gesellschaften. Ein Ausschluss aus der Gemeinschaft bedeutete damals wie heute für die meisten den sicheren Tod. Von klein auf lernen wir daher, die Verhaltensweisen anderer zu interpretieren, vorherzusagen und zu beeinflussen, damit sie uns wohlgesinnt sind. Wie geht das?

Aus der Tierwelt kennen wir synchrones Verhalten: Wenn sich Fische oder Vögel im Schwarm bewegen, geben sie ein beeindruckendes Beispiel dafür ab, wie die Natur es ermöglicht, unzählige individuelle Lebewesen aufeinander abzustimmen – ohne dass diese sich vorher absprechen oder ihre Bewegungen einstudieren müssten. Auch viele andere Tiere, die in Herden zusammenleben, zeigen synchrones Verhalten. Es wird vermutet, dass sich abgestimmtes Verhalten in der Evolution durchgesetzt hat, da es die Überlebenschancen des Einzelnen steigert. Wird beispielsweise eine Herde wilder Gazellen von einem Raubtier überrascht, muss nicht eine Gazelle den anderen ausgiebig signalisieren, dass Gefahr droht. Die Fluchtreaktion einer weniger Gazellen reicht aus, um die ganze Herde instinktiv und synchron, und insofern äußerst effektiv, in Fluchtverhalten zu versetzen. So gewinnt die einzelne Gazelle wertvolle Sekunden, die womöglich ihr Leben retten.

Auch wir Menschen haben diese Fähigkeit zur Synchronizität innerhalb unserer Beziehungen und innerhalb unserer Herde entwickelt. Ein klassisches Beispiel für synchrones Verhalten, das uns meist gar nicht bewusst ist, ist das Spiegeln der Verhaltensweisen eines Gesprächspartners. Wenn unser Gegenüber die Beine übereinanderschlägt oder den Kopf in die Hand stützt, ahmen wir dies häufig unbewusst nach. Da synchrones Verhalten die Beziehung, das Nähegefühl und auch das gegenseitige Vertrauen stärkt, wird es auch von Therapeut:innen bewusst eingesetzt und in Flirtratgebern als Zeichen der Sympathiebekundung nahegelegt. Doch nicht nur in der direkten Interaktion mit einem einzelnen Mitmenschen zeigen wir synchrones Verhalten. Bei Massenveranstaltungen lässt sich beobachten, wie sich unsere Verhaltensweisen und auch unsere emotionalen Reaktionen häufig (nicht immer!) an die der anderen angleichen. Zum Beispiel, wenn bei einem Konzert alle gleichzeitig hüpfen oder im Takt klatschen, wenn im Stadium eine La-Ola-Welle herumgeht oder wenn eingefleischte Fußballfans gleichzeitig erschrocken aufspringen oder in Freudenjubel verfallen. Das geschieht nicht unbedingt automatisch; wir sind dieser Angleichung nicht willenlos ausgeliefert. Es handelt sich nicht um einen Reflex, wohl aber um eine angeborene Verhaltensweise. Manchmal lässt man sich einfach mitreißen, manchmal stimmt man ganz bewusst mit ein, manchmal hält man sich absichtlich zurück und macht nicht mit.

Was auch der Auslöser für die Angleichung des Verhaltens ist – es fühlt sich für die meisten Menschen gut an. Man hat das Gefühl dazuzugehören und es macht einfach Spaß, gemeinsam zu singen, zu tanzen oder zu jubeln. Gleichzeitig liegt dieses Verhalten *nicht* außerhalb unserer Einflusssphäre. Wir müssen nicht wie die Gazelle mit der Herde gemeinsam fliehen. Vielmehr haben wir jederzeit die Möglichkeit, innezuhalten und uns bewusst aus der Gruppenaktivität und dem synchronisierten Verhalten herauszunehmen, uns gegen ein Mitmachen zu entscheiden. Das ist wichtig und gut, denn nicht immer will man zu einer Gruppe dazugehören, nicht bei jeder Gruppenaktivität möchte man einfach mitgerissen werden.

Auch Stimmungen können ansteckend sein. Am Beispiel

des Freudentaumels beim Fußballtor lässt sich das leicht nachvollziehen. Auf diese Weise trägt die zwischenmenschliche Synchronizität auch zum zwischenmenschlichen Verständnis, sprich Gedankenlesen, bei: Indem ich mein Gegenüber spiegele, kann ich direkt, also am eigenen Leibe, *mit-fühlen*, wie der andere sich gerade fühlt. Ein solches Sich-Einfühlen vermag den emotionalen Zustand des Anderen nie hundertprozentig zu reproduzieren – denn wir sind ja immer noch wir selbst mit anderen Eigenheiten und Vorerfahrungen. Doch zumindest trägt die Synchronizität dazu bei, dass wir uns aufeinander einstimmen beziehungsweise einschwingen. Wer sich so in andere einfühlen kann, hat mehr Möglichkeiten, den anderen zu trösten, zu unterstützen, ihm beizustehen. Oder an der Freude des anderen teilzuhaben. Diese emotionale Ansteckung, die mit emotionalem Beistand einhergeht, wurde auch bei vielen anderen Säugetieren beobachtet. Und auch bei ihnen hängt die Stärke dieses Sich-Einfühlens von der Nähe zum anderen ab![101]

Studien legen nahe, dass sich Stimmungen sogar ohne leibliche Nähe, ohne geteilte Atmosphäre verbreiten können. So konnten Forscher beobachten, dass sich schlechte Stimmungen auf sozialen Medien verbreiten – und zwar nicht nur im Falle hochemotionaler politischer Debatten, sondern auch einfach die schlechte Laune aufgrund von grauem Himmel und Regenwetter. Diese schlechte Stimmung via soziale Netzwerke vermochte sogar Menschen zu beeinflussen, bei denen gar kein Regenwetter herrschte![102] Negative Posts eines Teilnehmers, bei dem es regnete, beeinflussten der Studie zufolge die Stimmung der Posts von ein bis zwei Freund:innen, bei denen das nicht der Fall war. Die Autor:innen der Studie schlagen vor, dass soziale Netzwerke auf diese Art und Weise zu einer Verstärkung von emotionaler Synchronizität auf globaler Ebene führen können.

Synchronizität lässt sich auch physiologisch messen. Zwei Menschen, die einander nahestehen und miteinander interagieren, passen ihre Atemfrequenz und ihre Herzfrequenz einander an. Einfühlsame Beobachter:innen schütten ebenso Stresshormone aus wie Versuchsteilnehmer:innen, die tatsächlich einem Stressor ausgesetzt werden.[103] Und nicht nur das, auch ihre Gehirnaktivität synchronisiert sich! Was bedeutet das? Nervenzellen feuern, das heißt, sie bilden Aktionspotentiale aus – elektrische Signale, die sie über Synapsen an andere Nervenzellen weitergeben können.

Im Gehirn gibt es Milliarden von Nervenzellen. Jede einzelne ist mit tausenden anderen verbunden. Es herrscht also ein unfassbares Maß an Aktivität im Gehirn. Unglaublich, dass das nicht in Chaos endet, sondern in der Herstellung wundervoller Kunstwerke, hoher Literatur, oder immerhin in einigermaßen koordinierten Bewegungen vom Sofa zum Kühlschrank und zurück. Die elektrischen Signale im Gehirn können ihre Frequenz einander anpassen, so dass etwa mehrere tausend Neurone gleichzeitig feuern. Einige Neurowissenschaftler:innen glauben, dass auf diese Weise auch die Aktivität zwischen verschiedenen Gehirnregionen koordiniert wird, wenn diese zusammenarbeiten müssen, um eine Aufgabe zu lösen.[104]

Nun scheint es so zu sein, dass nicht nur verschiedene

Regionen im Gehirn sich miteinander synchronisieren, um zusammenzuarbeiten, sondern dass sogar zwei oder mehrere Gehirne dasselbe tun können. Belege dafür sind Studien, die die Gehirnaktivität zweier Menschen, zum Beispiel Eltern und ihre Kinder[105] oder romantische Paare, zur gleichen Zeit maßen, während diese entweder gemeinsam oder jeder für sich dieselbe Aufgabe lösten.

Auch bei Menschen, die sich weniger nahestehen, findet sich synchronisierte Gehirnaktivität während der Zusammenarbeit: zum Beispiel bei Klassenkamerad:innen[106] und sogar bei Menschen, die sich vor der Studienteilnahme nicht kannten und erst von den Forscher:innen in Gruppen eingeteilt wurden.[107] Synchronizität scheint tatsächlich etwas mit Kooperation zu tun zu haben und nicht lediglich damit, dass Menschen sich in einer sehr ähnlichen Situation befinden, in der sie ähnlichen Sinneseindrücken ausgesetzt sind. So wurde ein hoher Grad an Synchronisierung gefunden, während Kopilot:innen bei Start und Landung zusammenarbeiteten, aber nicht, wenn sie während des Fluges unabhängig voneinander ihre Aufgaben erledigten.[108] Das gleiche Bild ergab sich bei Versuchsteilnehmer:innen, die ein Puzzle legten – entweder jeder für sich oder gemeinsam.[109]

Um die Wirkung der Synchronizität besser zu verstehen, wurde die Gehirnaktivität im medialen Präfrontalkortex zweier, einander unbekannter Mäuse miteinander synchronisiert. Das Ergebnis: Die Mäuse verhielten sich, als seien sie langjährige Freunde! Das Experiment zeigte, dass die Synchronisierung der Gehirnaktivität tatsächlich ursäch-

lich für das freundschaftliche Verhalten der Mäuse war! Ob
die Mäuse sich auch als Freunde und einander nahe fühl-
ten, wissen wir jedoch leider nicht. Beim Menschen fand
eine Studie mit romantischen Paaren heraus, dass die Synchronizität noch stärker war, wenn die Partner einander be-
rührten, als wenn sie miteinander sprachen.[110] Dies legt
nahe, dass die zwischenmenschliche Synchronisierung sich
aus der geteilten leiblichen Gemeinsamkeit entwickelt haben könnte – also vor dem evolutionsbiologischen Hintergrund, dass es vorteilhaft für das Überleben des Einzelnen,
und auch der Herde, ist, wenn wir unsere emotionalen und
physiologischen Zustände miteinander teilen, uns aufeinander abstimmen und uns aufgrund unseres Einfühlungs-
vermögens besser gegenseitig unterstützen können.[111] Hierzu
mag übrigens auch die Beobachtung gehören, dass Gähnen
ansteckend ist[112] (und das nicht nur bei uns, sondern auch
bei Affen, Hunden und Vögeln[113-115] – Hunde können sich
mit Gähnen sogar bei «ihrem» Menschen «anstecken»[116]).

Doch nicht nur das Teilen von Gefühlen, auch das gemeinsame Lösen von Problemen stellt einen großen evolutionären Vorteil dar. Menschen der Vorzeit, die in der Lage
waren, *gemeinsam* zu planen, wie sie das Mammut jagen
wollten, wo der sicherste Rastplatz für die Nacht war und
wer wann Wache hält, hatten deutlich bessere Überlebenschancen als jene, die über ihr Verhalten einfach nach Gut-
dünken entschieden. Wenn mehrere Menschen ihre Gehirnaktivität aneinander angleichen, scheinen sie davon
tatsächlich zu profitieren. Sie arbeiten besser zusammen und
lösen Aufgaben erfolgreicher.[107]

Die Stärke der Synchronizität zwischen zwei Menschen steht in Zusammenhang mit der emotionalen Nähe oder der Art der Bindung. So konnte die oben genannten Studie eine stärkere Synchronizität zwischen romantischen Partner:innen als zwischen Freund:innen nachweisen. Und wenn bei einem Paar eine starke Synchronizität der Gehirnwellen gemessen wurde, hatte eine liebevolle Berührung des Partners einen wirksamen schmerzstillenden Effekt![117]

Diese faszinierenden Studienergebnisse werden durch unsere alltägliche Erfahrung gestützt. Sie liefern eine physiologische Erklärung für das Gefühl, dass man mit manchen Menschen buchstäblich auf einer Wellenlänge ist, dass man sich als «ganz eins» mit jemandem erfährt und dass man einen Moment miteinander «teilt».[118] Sie erweitern auch nochmals unser Verständnis des Gehirns als eines Organs, das uns nicht nur in Beziehung mit der Welt treten lässt, sondern vor allem auch in Beziehung zu unseren Mitmenschen. Zudem stärken diese Funde die Kritik an der bisherigen neurowissenschaftlichen Forschung, dass wir das Gehirn nicht isoliert verstehen können, sondern immer nur in seinem größeren Kontext der Umgebung und der sozialen Beziehungen.[118]

Zum «Gedankenlesen» trägt auch unsere hochentwickelte Fähigkeit bei, alle möglichen Formen von Gefühlsausdrücken zu interpretieren: Wir können Emotionen im Gesichtsausdruck oder der Gestik und Körperhaltung unseres Gegenübers lesen,[119] wir hören minimale Abstufungen in der Tonlage, in der jemand spricht, und wir verstehen, welche Gefühle durch Berührungen vermittelt werden.[120]

Und zwar erkennen wir dabei nicht nur einfachere Abstufungen, wie glücklich oder unglücklich, wütend oder friedlich, sondern können auch komplexe Emotionen richtig identifizieren, die in der Psychologie als «sekundäre Emotionen» klassifiziert werden, wie zum Beispiel Stolz oder Scham.

Außerdem sind wir in der Lage, die Absichten anderer Menschen vorherzusagen. Diese Fähigkeit, im Englischen bekannt als «Theory of Mind», entwickelt sich schon in der frühesten Kindheit. Hierzu gehört, die Perspektive des Gegenübers einzunehmen und so zu verstehen, welche Informationen dem anderen zur Verfügung stehen und welche Sinneseindrücke er oder sie erfährt. Diese Fähigkeit entwickelt sich bei Kindern in den ersten Lebensjahren. Mit dem Erreichen des Kindergartenalters sind die meisten in der Lage, eine Aufgabe korrekt zu lösen, für die sie eine «Theory of Mind» entwickelt haben müssen. Eine solche Aufgabe zeigt zum Beispiel einen Comic mit zwei Kindern, Sally und Anne, die mit einem Ball spielen. Sally legt den Ball in einen Korb. Dann geht sie weg, und Anne nimmt den Ball aus dem Korb und versteckt ihn in einem Karton. Nun kommt Sally zurück und möchte mit dem Ball spielen – und die Studienteilnehmer:innen sollen einschätzen, wo sie den Ball suchen wird. Jüngere Kinder wählen meist den Karton. Sie können also noch nicht die Perspektive von Sally in der Bildergeschichte einnehmen, die weggegangen war und daher glauben muss, dass der Ball noch im Korb ist. Stattdessen nutzen sie ihr eigenes Wissen über das Versteck des Balles. Im Alter zwischen drei und fünf entwickelt sich dann die Fähigkeit, die Perspektive eines anderen Menschen einzunehmen – und die Kinder geben die korrekte Antwort.

Natürlich sind wir im Erwachsenenalter und in unserer tatsächlichen Lebenswelt mit wesentlich komplexeren Sachverhalten konfrontiert – doch werden wir im Laufe des Lebens auch immer besser im Einschätzen und Vorhersagen der Reaktionen und Verhaltensweisen der anderen. Manche sind besonders gut darin, sie haben erstaunlich gut ausgebildete Fähigkeiten im Lesen von Emotionen und dem Erkennen minimaler Reaktionen. Aber auch die weniger Begabten unter uns können durch das Mitgehen mit einem anderen Menschen bis zu einem gewissen Grad nachvollziehen, ja am eigenen Leibe spüren, wie der andere sich gerade fühlt und basierend darauf auch häufig richtig vorhersagen, was er oder sie als Nächstes tun oder sagen wird. Das ist zwar kein Gedankenlesen im eigentlichen Sinn, aber eine Art Gefühlslesen – was ja auch schon ziemlich beeindruckend ist!

Teil 3

Wie wir die Kraft positiver Erwartungen
nutzen können

Manchen Menschen scheint einfach alles zu gelingen, ohne dass sie sich groß anzustrengen, der Erfolg oder das Glück fallen ihnen zu. Wie bei einem lieben Freund von mir. Bei Lars sind es die kleinen, alltäglichen Zufälle, die ich nicht anders beschreiben kann als damit, dass das Schicksal ihm einfach wohlgesinnt sein muss. Da werde ich ab und an richtig neidisch – denn wer hätte nicht gern ein Glücksschwein an seiner Seite? Dieser Freund bezeichnet sich auch selbst als Glückspilz und behauptet, dass das Universum es eben gut mit ihm meine. Und immer wieder geschieht es, dass er Recht behält. Inzwischen weigere ich mich, mit Lars Gesellschaftsspiele mit Glückskomponente zu spielen, weil er tatsächlich immer die Augenzahl zu würfeln scheint, die er gerade benötigt. Da verlässt also auch mich jegliches rationales Abwägen, dass es sich hierbei doch eigentlich nur um Zufälle handeln kann und dass Würfelergebnisse statistischen Wahrscheinlichkeiten folgen.

Es gibt aber auch die umgekehrten Fälle in meinem Bekanntenkreis, Freund:innen, die sicher sind, vom Pech verfolgt zu sein. Auch sie können diesen Glauben überzeugend mit zahlreichen Anekdoten belegen. Und doch, sagt mir mein Verstand, kann es nicht stimmen, dass das Universum oder das Schicksal manchen Menschen wohlgesinnt ist und anderen nicht. Wie diese fehlerhaften Selbsteinschätzungen zustande kommen, haben wir schon ausführlich untersucht: Positive Erwartungen verändern die Wahrnehmung der Welt und in Konsequenz dann auch das Verhalten. Doch hier endet die Ursache-Wirkungs-Kette nicht. Das veränderte Verhalten wiederum hat eine bestimmte Wirkung auf die Umgebung und die Mitmenschen – wie in dem Fall meines Freundes, mit dem ich keine Gesellschaftsspiele spielen möchte. Wenn er mich doch zu einer Runde Backgammon überreden kann, werde ich vermutlich besonders vorsichtig spielen, während er mehr Risiken eingeht. Das hat zur Folge, dass seine Spielsteine besser verteilt sind – und dass sich daher am Ende alle möglichen Augenzahlen als nützlich erweisen, um die Steine ins Ziel zu bringen. Was wir beide dann aber als einen weiteren Beweis dafür auslegen, dass er eben immer Glück hat, während ich fluchend auf die Pasch-Vier warte, da dort alle meine Steine in einer langen Reihe aufgestapelt sitzen. So kann man sich in gewisser Weise tatsächlich zum Glückspilz oder Pechvogel machen – wenn auch nur beschränkt auf einen vorgegebenen Rahmen.

Der Magier Derren Brown hat hierzu eine wundervolle Episode produziert: In einer englischen Kleinstadt verbreitet er das Gerücht, eine Hundestatue im Stadtpark würde Glück bringen, wenn man sie streichle. Tatsächlich beginnen immer mehr Einwohner der Stadt die Statue zu streicheln.[*] In der Episode kommt unter anderem ein Mann vor, der glaubt, er hätte nie Glück, er sei vielmehr vom Pech verfolgt. Derren Brown sorgt dafür, dass jede Menge kleiner Zufälle im Leben des Mannes auftauchen, die ihm Glück gebracht hätten – hätte er sie nur als Möglichkeiten begriffen und gehandelt. So findet der Mann ein Rubbellos in seinem Briefkasten, welches er jedoch nicht freirubbelt – hätte er dies getan, hätte er einen Fernseher gewonnen. In einem weiteren Versuch werden unabhängig voneinander zwei Barbesitzer von einer jungen Frau um Hilfe gebeten, deren Auto einen platten Reifen hat. Einer der Barbesitzer, der nicht an das Glück glaubt, verweist sie an eine Werkstatt und geht weiter. Die andere Teilnehmerin sieht sich selbst als Glückspilz, wie sie in einem zuvor gezeigten Interview gesagt hat. Sie bietet Hilfe an und kommt mit der jungen Frau und ihrem Beifahrer, einem berühmten Komiker, ins Gespräch. Daraufhin bietet der Komiker der Helferin an, in ihrer Bar aufzutreten, was für sie eine Rekordzahl an Gästen und Einnahmen bedeutet. Alles nur eine bis ins Detail geplante Fernsehshow? Natürlich ist hier alles vorbereitet – doch die beiden Barbesitzer wussten davon nichts. Selbst wenn der Magier hier seine Finger im Spiel hatte, verdeutlichen die gezeigten Beispiele ganz konkret, wie eine gewisse Offenheit und das Ergreifen von Möglichkeiten tatsächlich zu glücklichen Zufällen führen können.

Genauso wie bei meinem Glückspilz-Freund, der vor Kur-

[*] Im Internet gibt es die ganze Folge zu sehen: https://youtu.be/RuRG-zZAk7S4

zem beim Entsorgen von Bauschutt auf dem Recyclinghof
mit einem Fremden ins Gespräch kam, der dort ein Moun-
tainbike wegwerfen wollte. Es sei nicht mehr funktions-
tüchtig. Lars nahm es mit und hatte die kaputte Gang-
schaltung im Handumdrehen repariert. Das Fahrrad läuft
einwandfrei, hätte neu mehrere hunderte Euro gekostet –
und ist jetzt meins. Vielleicht bin ich also auch ein Glückspilz? Kann Glückhaben (oder zumindest der Glaube daran)
irgendwie ansteckend sein oder abfärben? Und wie erschafft
man sich einen eigenen Glücksbringer, ein Glücksschwein
im Kopf?

Geistige Autonomie

Von der Kraft positiver Gedanken zu profitieren, klingt
wunderbar, aber ist leichter gesagt als getan. Denn schließlich erwarten wir keineswegs stets mit Absicht das Schlechteste. Eine eher pessimistische Weltsicht und ein Fokus auf
das Negative (der sogenannte «negativity bias») scheinen
vielmehr ganz natürlich und menschlich zu sein.[121] Auch
mit Blick auf die evolutionäre Entwicklungsgeschichte des
Menschen ergibt dies Sinn: Für das Überleben war es beispielsweise wichtig, sich auf den Winter vorzubereiten, in
dem weniger Nahrung zu erwarten war, sich genau einzu-
prägen, wie diese Beeren aussahen, von den einem übel geworden war, und lieber einmal zu häufig hinter einem Fels-
vorsprung einen Tiger zu vermuten. Und selbst heute noch
ist es ja durchaus notwendig, planend an das Morgen zu

denken, für den Feiertag einkaufen zu gehen und für das Alter vorzusorgen. Eine solche Planung beruht zu einem gewissen Anteil darauf, vorherzusagen, was sich in der Zukunft *negativ* auf das eigene Wohlergehen auswirken könnte – um dieses dann vorgreifend zu vermeiden.

Neben diesem Ziel, Risiken vorzubeugen, ist eine weitere menschliche Antriebskraft die Hoffnung auf «Gewinn» (im allerweitesten Sinne darauf, dass etwas Gutes für uns herausspringt). Weshalb sonst probieren wir fremdartige Nahrungsmittel, versuchen uns im Glücksspiel oder gehen überhaupt irgendein Risiko ein?

Beide Denkarten beziehungsweise Verhaltensweisen – der Fokus auf das Negative ebenso wie das oft impulsive Eingehen von Risiken – können sich verselbstständigen. Wir kennen das insbesondere von den negativen Gedanken. Sie werden dann unangenehm, geradezu lästig oder beängstigend. Zum Beispiel, wenn wir grübeln, wenn wir also in einem ständigen Durchspielen von Szenarien alle möglichen negativen Ereignisse durchkämmen. Oder wenn negative Gedankenblitze schöne Momente vermiesen, etwa «Das hast du gar nicht verdient!» oder «Mein Gegenüber ist nur freundlich, weil er oder sie im Gegenzug etwas von mir möchte». Grübeln und das Durchspielen von schlimmen Ereignissen können ebenso wie die Hoffnung auf Gewinn, etwa wenn die Gedanken pausenlos um den nächsten Wetteinsatz kreisen, geradezu zwanghaft werden. Das reicht bis zu einem Grad und Leidensdruck, die als pathologisch eingestuft werden müssen. Doch selbst wenn wir nicht so stark betroffen sind, schleichen sich negative Erwartungen immer wieder in unsere Vorhersagen, häufig in der Form von «Aber was, wenn ...?» oder «Es könnte aber natürlich auch schlimm ausgehen ...».

Eine weitere Denk- beziehungsweise Verhaltensweise, die unserer geistigen Autonomie im Wege steht, sind affektive Kurzschlüsse – instinkthafte Reaktionen oder Emotionen, die sich so schnell ereignen, dass wir gar keine Möglichkeit haben, durch bewusste Kontrolle einzugreifen. Dies geschieht besonders leicht, wenn wir uns bedroht fühlen, und zwar nicht nur im physischen, sondern durchaus auch im psychologischen Sinne: wenn eine Kollegin im Meeting unseren Vorschlag kritisiert, wenn ein Freund vor allen anderen einen gemeinen Witz auf unsere Kosten macht, wenn unser Lebenspartner offensichtliches Interesse an jemand anderem zeigt.

Was kann man gegen diese Impulse, gegen emotionale Kurzschlüsse, was gegen die negativen Gedankenkreisel tun? In allen genannten Fällen würde es helfen, durch mehr mentale Kontrolle die emotionale Reaktion herunterzuregeln – oder zumindest zu verlangsamen, so dass man im Innehalten einen Moment der Reflektion erlangen kann. Um unsere pessimistische Weltsicht und unsere Impulse zu überwinden, benötigen wir geistige Autonomie.[122] Wir müssen lernen, Herr oder Frau über die eigenen Gedanken zu sein, zumindest phasenweise. Das soll nicht bedeuten, dass wir immer Kontrolle darüber haben müssen, was in unserem Kopf vor sich geht – das ist gar nicht möglich. Oft ist es angenehm und auch sinnvoll, die Gedanken schweifen zu lassen, sich gehen zu lassen, sich hinreißen zu lassen, den eigenen Bedürfnissen zu folgen oder Aktivitäten per Autopilot zu erledigen, die keiner bewussten Kontrolle bedürfen (zum Beispiel Autofahren, Zähneputzen usw.).

Wie erlangt man geistige Autonomie? Der erste Schritt hier ist wie so oft die Selbstbeobachtung. Wer im Alltag immer wieder kurz innehält, um sich zu fragen: «Was tue ich hier gerade? Bin ich in Gedanken bei der Sache?», hat schon den ersten Schritt getan. Hierbei geht es nicht so sehr darum, sich selbst auf frischer Tat zu ertappen, sondern das ständige gedankliche Umherwandern überhaupt zu bemerken. Der nächste Schritt kann sein, sorgenvolle Überlegungen, die sich nur immer im Kreise drehen, anstatt lösungsorientiert zu sein, zu beenden. Auch Gedanken, die immer wieder in die Vergangenheit drängen, weil man eine vergangene Handlung bereut oder bezweifelt, sollte man versuchen auf andere Bahnen zu lenken.

Manchmal wollen einem die Gedanken nicht gehorchen. Das ist eine Erfahrung, die sicherlich den meisten bekannt sein wird. Doch so banal, wie es auf den ersten Blick erscheint, ist das nicht. Wie kann es denn sein, dass wir nicht denken können, was wir wollen? Dass ungewollte Gedanken sich einem aufdrängen? Dass man eine Sorge nicht abschütteln kann? Diese Beobachtung weist darauf hin, dass das Denken selbst aus dem Unbewussten (oder auch aus dem Leiblichen) in unser Bewusstsein aufsteigt. Wenn es schwerfällt, Kontrolle über unangenehme Gedanken zu gewinnen, kann es helfen, sich einer Aktivität zu widmen, die ein gewisses Maß an Fokus benötigt oder die so unterhaltsam ist, dass man alles andere vergisst. Je mehr man dabei die Sinne und den Körper nutzt, um mit der Umwelt zu interagieren, desto leichter fällt es, mental präsent zu bleiben. Das soll keineswegs heißen, negative oder sorgenvolle Gedanken seien tabu. Wenn ein Thema immer wieder im Gedankenkreisel auftaucht, ist das vermutlich ein Zeichen dafür, dass man sich ihm einmal oder mehrmals bewusst zuwenden und die damit verbundenen Emotionen erkunden sollte – möglicherweise im Gespräch mit einem Vertrauten oder, je nach Schwere der Gedanken, auch in Begleitung eines Therapeuten oder einer Therapeutin. Eine weitere Methode, den Kopf frei zu bekommen, kann sein, die Gedanken und Sorgen aufzuschreiben. So kommen sie zur Geltung, aber äußerlich, nicht innerlich – und allein schon durch den Akt des Schreibens erlangt man einen gewissen Abstand und Kontrolle über die Gedanken.

Ein weiterer Schritt kann die regelmäßige Meditationspraxis sein: sein eigenes Bewusstsein und den Gedankenstrom zu beobachten und dabei zu versuchen, die Gedanken vorbeiziehen zu lassen, so dass sie nicht zu Grübeleien werden, die sich festsetzen. Mir gefällt das folgende Sinnbild: Das Bewusstsein ist der Himmel, alles andere, Sinneseindrücke, Gedanken und Gefühle, sind das Wetter. Sie kommen und gehen, wir können sie vorbeiziehen lassen, dahinter aber befindet sich immer der klare, blaue Himmel. Wer nicht ausreichend freie Zeit zur Meditation zur Verfügung hat, kann auch im Alltag ähnliche Zustände hervorrufen, beim Straßenbahnfahren, beim Sport oder vor dem Einschlafen. Wichtig ist eigentlich nur zu versuchen, eine bewusste und klare Wachheit herbeizuführen.

Mit der Zeit fällt das leichter, doch ganz leicht ist es nie, denn unsere natürliche Veranlagung ist es, ständig zu grübeln oder zu planen, sorgenvoll die Zukunft vorwegzunehmen und reuevoll oder nostalgisch in die Vergangenheit zurückzublicken. Dafür zuständig ist das sogenannte Default-Mode-Netzwerk im Gehirn, ein Netzwerk bestimmter Regionen, die immer dann aktiv werden, wenn wir uns in einem wachen Ruhezustand befinden. Die Aktivität dieses Netzwerks ist bei Menschen mit Depressionen erhöht und steht in Zusammenhang mit Grübeleien.[123] Interessanterweise konnte gezeigt werden, dass regelmäßiges Meditieren die Aktivität dieses Netzwerks verringert – und zwar nicht nur während der Meditation, sondern bei Personen, die Übung mit Meditation haben, auch in anderen Bewusstseinszuständen, etwa im Alltag.[124-126]

Andere Studien konnten zeigen, dass Naturerfahrung und Spaziergänge im Grünen ebenfalls die Aktivität des Grübelnetzwerks reduzieren![127] Vielleicht, weil die Natur in uns ein Gefühl von Bewunderung, von Ehrfurcht und auch Demut hervorrufen kann. Dieses Gefühl trägt auf Englisch den Namen «awe». Es ist die Erfahrung, die man hat, wenn man bewusst durch einen stillen Wald mit hohen Bäumen geht oder von einer Anhöhe aus einen Blick ins Weite hat, wenn man großen Bergen gegenübersteht oder an einem sternenklaren Abend in die Weite des Weltraumes blickt. Aber auch andere Erlebnisse können Grübeleien und die Aktivität des Default-Mode-Netzwerks verringern, wie Studien mit bildgebenden Verfahren nahelegen:[128] zum Beispiel Musik, spirituelle Ereignisse, die Leistungen oder Fähigkeiten anderer Menschen und ästhetische Eindrücke.[129]

Meditation ist also nicht der einzige Schlüssel zu geistiger Autonomie. Letztendlich kann man sich auch in ganz anderen Lebenssituationen in einem Zustand vollkommener Fokussiertheit oder Präsenz befinden: im hochkonzentrierten Arbeiten oder bei verantwortungsvollen Tätigkeiten, beim Sport, beim Sex, beim Genuss eines guten Essens.

Geistige Autonomie bedeutet also keineswegs, ständig krampfhaft die Gedanken kontrollieren zu müssen. Tagträumen und Prokrastinieren, Abgelenkt-Sein und die Automatisierung von Handlungsabläufen, das Schwelgen in Erinnerungen, das Planen der Zukunft und die Sorge – all diese geistigen Zustände haben ihren Sinn und Zweck. Prokrastinieren und Sich-ablenken-Lassen können sogar die Kreativität steigern.[130] Geistige Autonomie bedeutet vielmehr, über die Fähigkeit zu verfügen, bei Bedarf die Kontrolle über die eigenen Gedanken zu ergreifen und die Aufmerksamkeit zu steuern, um bei der Sache sein zu können, wenn es darauf ankommt und wenn man es möchte, und dass man nicht unter Grübeleien und zwanghaftem Voraussehen leidet. So bildet geistige Autonomie eine wichtige Grundlage, um die Kraft positiver Erwartungen zu nutzen, indem sie uns die Möglichkeit gibt, überhaupt erst einmal positive Erwartungen zu schaffen.

Nudging erkennen und selbst nutzen

Nicht nur in uns aufsteigende Gedanken, Sorgen und Grübeleien vereiteln unsere geistige Autonomie und somit die Möglichkeit, mit positiv-offenem Blick in die Zukunft zu sehen. Dies gelingt auch zahlreichen Versuchen von außen, die unsere Aufmerksamkeit fesseln wollen, die unsere Gedanken und unser Verhalten beeinflussen und steuern sollen. Mit Hinblick auf die weitreichenden Folgen, die unsere Erwartungen auf unsere Wahrnehmung und Einordnung der Welt um uns haben, müssten wir unsere geistigen Räume und unsere Bewusstseinsinhalte eigentlich viel besser schützen.

Hierzu gehört, die Strategien derjenigen, die um unsere Aufmerksamkeit kämpfen, zu durchschauen. Zum Teil handelt es sich um klar erkennbare Akteure, allen voran die Konzerne und die Medien. Doch insbesondere in den sozialen Medien, in denen Privatpersonen mehr oder weniger offiziell als Werbepartner agieren und in denen sich sensationelle, emotional geladene und provokante Informationen wie Lauffeuer verbreiten, ist die Lage viel diffuser. Gerade hier zeigt sich der Wert der geistigen Autonomie – der Fähigkeit, sich nicht mitreißen zu lassen, innezuhalten, innerlich Abstand zu nehmen, um die eigene Reaktion zu beobachten und zu prüfen. Schon dieser Augenblick des Abstandes, in dem man sich fragt: «Was macht das mit mir? Was wollen die Urheber hiermit bewirken?», kann genügen, das Lauffeuer zu unterbrechen.

Doch nicht hinter jeder Information, nicht hinter jeder Presseerklärung stecken geheime Absichten und der Versuch, die Menschen zu einem bestimmten Verhalten zu bringen. Nicht um sich greifende Skepsis, sondern aufmerksame Selbstbeobachtung ist der Schlüssel zur Selbstveränderung.

Dabei kann uns gerade eine Technik helfen, die wir als Mittel der Verhaltenssteuerung durch Dritte identifiziert haben: das Nudging. Beim Selbst-Nudging müssen wir weder einen teuren Lifecoach bezahlen noch uns in die Kontrolle eines anderen Menschen begeben. Wir erleichtern es uns lediglich, die gewünschten Entscheidungen zu treffen, und erschweren es, die nicht gewollten Verhaltensweisen an den Tag zu legen.

Zunächst einmal gilt es die eigenen Widerstände oder Hindernisse zu identifizieren. Warum klappt es denn einfach nicht mit den dreißig Minuten Sport am Abend? Man weiß ja, dass Sport einem gut tut und dass man sich danach besser fühlt. Meist hat man es sich schon viele Male vorgenommen, vielleicht einen Plan erstellt oder eine App installiert. Manchmal sind die ausschlaggebenden Hindernisse minimal. Bei mir ist es oft Folgendes: ich habe mich nach dem Abendessen aufs Sofa fallen lassen. Und damit ist der Abend gelaufen, die dreißig Minuten auf der Sportmatte sind nun schlichtweg *unmöglich* geworden. Vielleicht liegt auch die Sportmatte oben auf dem Schrank. Oder ich habe ein klein wenig zu viel zu Abend gegessen und kann mich nun *auf keinen Fall* körperlich betätigen. Es kann hilfreich sein, sich selbst erst einmal einige Wochen lang zu beobachten, das eigene Verhalten ehrlich zu analysieren und eine Liste der Ausreden anzulegen, die man täglich gegen den Sport vorbringt. Hier sollte man aufrichtig und möglichst penibel sein. Also anstatt von «War zu müde von der Arbeit, anstrengender Tag» (viel zu allgemein) aufschreiben, was einen im letzten Moment von dem gewünschten Verhalten abgehalten hat (meine typischen Ausreden sind: «Yogamatte lag im ersten Stock», «Die Couch war einfach zu gemütlich»). So lassen sich schnell Möglichkeiten aufspüren, wie man es sich selbst erleichtern kann, die gewünschte Verhaltensweise in Zukunft tatsächlich auszuführen. Beispielsweise indem man die Sporttasche morgens schon an der Tür bereitstellt. Oder die Yogamatte auf die Couch legt, so dass man sich gar nicht setzen kann, ohne diese aus dem Weg zu räumen – und dann hat man sie schon in der Hand und kann doch eigentlich noch schnell die dreißig Minuten Sport einschieben …

Für unser Selbst-Nudging können wir zahlreiche Forschungsergebnisse zur Inspiration nutzen: Wer zum Beispiel weniger essen möchte, kann kleinere Teller wählen,[99] kleinere Portionen aufgeben,[131] kleinere Snack-Verpackungen kaufen und kleineres Besteck anwenden.[132] Ob die Effekte des Selbst-Nudging stark genug sind, um eine Veränderung im Verhalten herbeizuführen, hängt auch von äußeren Einflussfaktoren ab. Studien legen nahe, dass Nudging dann erfolgreich ist, wenn es nicht mit anderen Versuchen konkurrieren muss, die unser Verhalten steuern wollen, etwa dem Marketing. So ist es vermutlich deutlich schwerer, die Einkaufsgewohnheiten zu ändern, da uns im Supermarkt mit der Werbung, dem Produktdesign und der Platzierung der Süßigkeiten in der Nähe der Kasse gegenteilige Botschaften gesendet werden. Hier könnte es helfen, sich vorher eine Einkaufsliste zu schreiben und dann mit selbstauferlegten Scheuklappen im Supermarkt nur die Objekte auf der Liste herauszusuchen. Doch zu Hause und im Privaten haben wir selbst die Kontrolle. Oft helfen schon klitzekleine Veränderungen: Wer gesünder essen will, sollte die gesunden Nahrungsmittel auf Augenhöhe, gut sichtbar und leicht erreichbar aufbewahren, während die ungesunden Sachen am besten hoch oben im verschlossenen Schrank verstaut werden.[132, 133]

Wer das Essverhalten anderer Familienmitglieder nudgen möchte, sollte bedenken, dass dies vermutlich nur dann gut funktioniert, wenn schon eine gewisse Offenheit und ein gewisser Veränderungswille vorhanden sind. Einen überzeugten Fleischesser kann man nicht durch das Einführen von vegetarischen Tagen zu einem veränderten Essverhalten bewegen, vermutlich erhöht man so eher den Widerstand.[134] Allerdings handelt es sich dabei um ein emotional stark aufgeladenes Thema, das gesellschaftspolitisch bereits Wellen geschlagen hat. Vielleicht funktioniert in diesem Fall ein subtilerer Nudge, wie einfach etwas mehr Gemüse auf den Teller zu laden. Wenn es darum geht, andere zu nudgen, sollte sich dies immer in ethisch vertretbaren Bahnen bewegen. Wo hier die Grenzen liegen, ist allgemein schwer zu sagen. Vielleicht hilft die alte Kinderregel: Was du nicht willst, das man dir tut, das füge keinem andern zu.

Mehr Einfühlungsvermögen, mehr Verbundenheit

Wir Menschen sind Herdentiere. Wir gehören in eine Gruppe, in der wir das Gefühl haben, dazu zu gehören, unterstützt, angenommen und gebraucht zu werden und eingebunden zu sein. Wie unglaublich wichtig die Gemeinschaft für uns ist, lässt sich indirekt daran erkennen, dass Einsamkeit und Isolation zu den größten Gesundheitsrisiken in unserer modernen Welt gezählt werden.[135, 136] Zahlreiche Studien belegen, dass Nähe und Gemeinschaft die Gesundheit verbessern können. Dafür sorgen viele unterschiedliche Mechanismen. So wird durch zwischenmenschliche Nähe das Immunsystem gestärkt und wir reagieren resilienter auf Stress.[78] Letzteres lässt sich sowohl subjektiv (indem Versuchsteilnehmer:innen angeben, wie gestresst sie sich fühlen) als auch objektiv (gemessen anhand von Stresshormonen in Blut oder Speichel) nachweisen.

Vor nur wenigen tausend Jahren lebten die Menschen in Jäger-und-Sammler-Gruppen von 20 bis 50 Mitgliedern zusammen. Auch heute leben noch knapp drei Millionen Menschen von der Jagd- und Sammelwirtschaft. In den Gruppen gab es Arbeitsteilung, so dass jeder eine wichtige Rolle spielte, sich aber auch auf seine «Herdenmitglieder» verlassen können musste. Die Gruppenzugehörigkeit war überlebenswichtig. Und das ist sie heute noch, selbst wenn unsere «Gruppen» entweder sehr viel größer und abstrakter – Gesellschaft oder Nation – bzw. kleiner – Familie und Freundeskreis – geworden sind. Natürlich gibt es individu-

elle Unterschiede, wie viel Nähe zu anderen wir uns wünschen und vertragen. Doch selbst die Menschen, die sich als
Eigenbrötler bezeichnen würden, sind keine Einzelgänger
im biologischen Sinne, wie zum Beispiel Tiger, Eisbären,
Schildkröten oder Goldhamster.

Wollen wir die Fähigkeiten unseres Geistes nutzen, um
unser seelisches und leibliches Wohlergehen zu steigern,
dürfen wir auf keinen Fall den Aspekt des Miteinanders
außer Acht lassen; denn die Interaktion mit anderen Menschen gehört zu unserer Natur, zu unserer biologischen
Ausstattung. Dem Gedanken, dass das Glück in der Gemeinschaft und im Da-Sein für andere zu finden ist, begegnen wir häufig in der Literatur. Literaturnobelpreisträger
Rabindranath Tagore schrieb: «Ich habe geschlafen und ge-
träumt, dass das Leben Freude ist. Ich erwachte und sah,
dass das Leben Dienst war. Ich habe gehandelt, und siehe
da: Dienst war Freude.» Ähnlich die Schlussfolgerung in
Tolstois «Vater Sergej»: Vater Sergej, ein Mann der Kirche,
versucht sein Leben nur für Gott zu leben, teilweise als Einsiedler. Am Ende, in Folge einer langen Krise und Unzufrie-
denheit, verlässt Sergej das Kloster und trifft seine Jugend-
freundin Paschenka, die ihr Leben mit harter Arbeit für die
Familie verbringt. Sergej erkennt, dass sie das Leben lebt,
das er eigentlich gesucht hatte, dass sie in ihrer Aufopferung
für andere *das wahre Leben für Gott* führt.* Auch aus der

---

* «Also das ist, was mein Traum bedeutete! Paschenka ist, was ich hätte
  sein sollen. Doch ich bin gescheitert. Ich lebte für die Menschen unter
  dem Vorwand für Gott zu leben, während sie für Gott lebte in der Vorstellung für die Menschen zu leben.»

wissenschaftlichen Forschung gibt es zahlreiche Belege dafür, dass wir die Zufriedenheit mit uns selbst, mit unserem Leben und mit der Welt steigern können, indem wir sozial eingebunden sind und indem wir unsere Mitmenschen unterstützen und ihnen helfen.[137, 138]

Warum ist dies so? Was geschieht in Gehirn und Körper, wenn wir uns anderen nahe fühlen? Wie können wir die positiven Effekte von Nähe noch steigern? Diesen Fragen gehe ich im Folgenden nach.

Sich jemandem nahe und verbunden zu fühlen ist nicht nur ein emotionaler Zustand, sondern hat physiologisch messbare Ursachen oder Begleiterscheinungen. Zwischenmenschliche Bindung wird unter anderem durch das Hormon Oxytocin vermittelt, welches unser Körper ausschüttet, wenn wir einem geliebten Menschen körperlich nahe sind. Dieses Hormon entfaltet seine Wirkung vor allem in der Eltern-Kind-Beziehung (es wird bei der Geburt und beim Stillen ausgeschüttet) sowie in der Paar-Beziehung (es wird beim Kuscheln und beim Orgasmus ausgeschüttet).

Eine weitere Form der physiologisch messbaren Nähe ist die bereits beschriebene interpersonelle Synchronizität. Die Synchronisierung der Gehirnaktivität und von körperlichen Vorgängen wie Herzschlag und Atmung hat womöglich nicht nur die biologische Funktion, unser Verhalten in der Gruppe zu koordinieren und zu einem gewissen Maße zu vereinheitlichen. Sie verstärkt auch unser Einfühlungsvermögen! Tatsächlich konnten verschiedene Studien dies zeigen: Wer sich mit anderen synchron verhält, oder wer synchrones Verhalten anderer bemerkt, ist seinem Gegenüber wohlgesinnter, fühlt sich ihm oder ihr stärker verbunden und empfindet mehr Mitgefühl und Vertrauen.[139, 140] Durch Synchronizität erschaffen wir also positive Erwartungen an unsere Mitmenschen, denn genau das ist ja Vertrauen: die Erwartung, dass der andere es gut mit uns meint, uns wohlgesinnt ist und uns hilft, wenn es darauf ankommt. Wenn wir die physiologischen Vorgänge unseres Gegenübers, also beispielsweise eine schnellere Atmung aufgrund von Aufregung nachahmen (bewusst oder unbewusst), können wir am eigenen Leibe spüren, wie sich der andere in diesem Augenblick fühlt – ja wir spüren dann selbst eine Form von Aufregung. Denn die schnellere Atmung bleibt nicht ein isoliertes Phänomen, sondern löst ihrerseits andere Prozesse in unserem Körper und Nervensystem aus. So ist bekannt, dass das Atemzentrum im Gehirn direkt mit dem limbischen System verknüpft ist, welches für die Emotionsverarbeitung zuständig ist. Auf diesem Wege kann ein bewusstes oder unbewusstes Erhöhen der Atemfrequenz zu dem tatsächlichen Empfinden von Aufregung oder auch Angst führen. Dies wiederum hat eine weitere Kaskade von Ereignissen zur Folge, zum Beispiel die Ausschüttung des Stresshormons Cortisol. So wird die Synchronisierung physiologischer Prozesse zur buchstäblichen *Einfühlung in die Anderen*.

Auch neurobiologisch gibt es einen engen Zusammenhang zwischen einer Erfahrung, die wir selbst machen, und den Erfahrungen unserer Mitmenschen, die wir lediglich beobachten. Zahlreiche Studien konnten belegen, dass beim Berührt-Werden und bei der Beobachtung von zwischenmenschlicher Berührung dieselben Regionen im Gehirn aktiv sind![141] Ähnliches geschieht, wenn wir jemanden sehen, der Schmerz empfindet. Die Reaktion findet nicht nur im Gehirn,[142] sondern bereits auf einer niedrigeren Verarbeitungsebene, nämlich im Rückenmark,[143] statt.

Körperliche und neuronale Synchronisierung stärkt also unsere Bindung zu anderen, lässt uns einfühlsamer werden und führt ein Gefühl von Verbundenheit bzw. Eingebundenheit in eine Gruppe herbei. In Zeiten steigender sozialer Isolation und Einsamkeit – und den damit verbundenen Gesundheitsrisiken[136] – könnte es vorteilhaft sein, diese biologischen Mechanismen bewusst zu nutzen. Nicht in einem manipulativen oder gar massenpsychologisch versierten Sinne, sondern für uns selbst und unsere Liebsten, um uns unseren Mitmenschen näher zu fühlen und um unser Einfühlungsvermögen zu stärken. Tatsächlich verwenden Menschen diese Mechanismen zur Gruppenbildung bereits seit Urzeiten: gemeinsames Singen und Tanzen, gemeinsamer Besuch von Theateraufführungen, Konzerten oder Sportveranstaltungen – all dies stärkt das Gefühl von Gemeinschaft. Man sieht dies deutlich an der Verbundenheit der Fans eines Fußballclubs oder einer bestimmten Band. Auch beim Tanzen zur Musik der Lieblingsband oder beim Torjubel im Stadion müssen wir unsere Bewegungen gar nicht bewusst an die der anderen angleichen; zu einem gewissen Ausmaß geschieht dies ganz von selbst – instinktiv könnte man sagen.[144]

Bevor wir dies vertiefen, noch ein Wort der Warnung: Nicht alle Gemeinschaft, nicht jede Form der Gruppenbildung ist etwas Gutes. Auch bei gewalttätigen Mobs sehen wir synchrone Verhaltensweisen, sehen wir, wie die Gruppenmentalität die rationale Denkweise des Einzelnen für eine Weile außer Kraft setzt und ihn oder sie einfach mitreißt. Gruppenbildung hat außerdem auch häufig etwas mit Ausgrenzung zu tun: Die Mitgliedschaft zu einer Gruppe ist klar definiert, und diese Zugehörigkeit ist schön für die Mitglieder – doch ebenso klar wird definiert, wer nicht zur Gruppe gehört. Und denjenigen wird leider umso weniger Verständnis und Mitgefühl entgegengebracht, je stärker der Zusammenhalt innerhalb der Gruppe ist. Synchrones Verhalten wurde und wird gezielt eingesetzt, um Menschen zu kontrollieren, etwa beim Militär oder bei Massenaufmärschen, wie sie von autoritären Regimen inszeniert werden. Das bedeutet aber nicht, dass es grundsätzlich schlecht oder schädlich ist, sich aneinander anzugleichen. Vielmehr ist es eine natürliche Verhaltensweise, die Gruppenzugehörigkeit stärken und das Zusammenleben erleichtern kann.

Viele Menschen fühlen sich einsam, selbst wenn sie eigentlich sozial eingebunden sind, wenn sie Freund:innen, Familie und Partnerschaft haben.[145] Das könnte daran liegen, dass sie sich sogar ihren direkten Mitmenschen nicht wirklich nahe fühlen. Vielleicht weil sie glauben, nicht alles, was sie beschäftigt, auch teilen zu können, oder weil sie sich missverstanden fühlen. Das bloße Da-Sein anderer Menschen in unserem Leben garantiert noch keine solidarische und loyale Beziehung. Hier kann Synchronizität helfen, das Miteinander zu stärken. Musik scheint dabei eine besonders wichtige Rolle zu spielen. Das sieht man schon daran, dass Musik, Tanz und Gesang Verhaltensweisen sind, die sich bei allen Menschen, in allen Kulturen und vermutlich auch zu allen Zeiten fanden und finden. Übrigens zeigen auch Tiere die Fähigkeit, ihre Bewegungen oder Verhaltensweisen an einen Rhythmus anzupassen – nachgewiesen wurde dies für Affen, Seelöwen, Papageien, Pferde, Delfine und Orkas.[146] Würde man einfachere Verhaltensweisen einschließen, könnte man sogar das koordinierte Blinken von Glühwürmchen und das gemeinsame Quaken von Fröschen dazurechnen.

Gemeinsames Musizieren verbindet und stärkt dadurch nicht nur den Zusammenhalt in der Gruppe, es spielt auch in der Paarbeziehung und der Eltern-Kind-Beziehung eine enorm wichtige Rolle[147] – offensichtlich beim gemeinsamen Tanzen mit der Person, in die man verliebt ist, beim Singen und Klatschen mit einem Baby.

Interessant ist in diesem Zusammenhang auch die Beobachtung, dass viele Tiere Paarungstänze aufführen, bei denen sie bestimmten synchronen oder zumindest stark aufeinander abgestimmten Bewegungsabläufen folgen. Vielleicht ist unsere Musik ja sogar eine Weiterentwicklung dieser elementaren Formen?[148]

Dass Musik eine biologische Basis hat, wird auch von einer bildgebenden Studie gestützt, die zeigen konnte, dass bestimmte Nervenzellen im auditorischen Kortex gezielt durch Musik aktiviert werden, dass ihre Aktivität also *selektiv* für Musik ist – und zwar unabhängig davon, ob die Studienteilnehmer:innen professionelle Musiker:innen waren oder keinerlei Ausbildung in Musik hatten.[149] Dies spricht dafür, dass Musik im Laufe der Menschheitsgeschichte einen so großen evolutionsbiologischen Vorteil darstellte, dass wir alle eine biologische Basis für Musik and Rhythmen in uns tragen.

Beim gemeinsamen Musizieren, Tanzen und Singen werden Oxytocin und Endorphine ausgeschüttet. Oxytocin, das Binde- oder Liebeshormon, stärkt den Zusammenhalt innerhalb einer Gruppe, schärft dabei aber auch die Abgrenzung gegenüber denjenigen, die nicht als «Herdenmitglieder» eingeordnet werden. Innerhalb der Gruppe hat Oxytocin viele positive Effekte: Es erhöht das Vertrauen in andere, verstärkt unser Mitgefühl mit anderen und auch unsere Bereitwilligkeit, mit anderen zu teilen. Die Endorphine sind gemeinhin als Glückshormone bekannt, sind aber wie Oxytocin ebenfalls wichtig für die zwischenmenschliche Beziehung. Unser Körper schüttet Endorphine bei synchron ausgeführten Bewegungen und bei Anstrengung aus (sie sind für das «Runner's high» verantwortlich). Zudem haben sie eine schmerzstillende Wirkung. Auch beim passiven Musikhören werden Endorphine freigesetzt; schon das Anhören von Musik kann Schmerzen, Stress und Ängste verringern und den Blutdruck senken.[147]

Gemeinsames Musizieren, Singen und Tanzen scheinen also eine einzigartige Erfindung der Natur zu sein, um uns anderen näher zu fühlen und gleichzeitig etwas Gutes für unsere eigene seelische und körperliche Gesundheit zu tun. Und was ist mit jenen, denen Musik nicht so liegt? Sie können ihren Mitmenschen durch andere synchronisierte Aktivitäten näherkommen. Es muss ja nicht gleich Synchronschwimmen sein, wir passen unsere Bewegungsabläufe genauso beim Joggen oder Yoga in der Gruppe aneinander an. Selbst beim gemeinsamen Anschauen von Filmen, Sportereignissen oder Comedy-Shows lässt sich ein Gemeinschaftsgefühl durch ein Synchronisieren der Emotionen erleben.

Auch gemeinsame Mahlzeiten können Beziehungen stärken, nicht nur aufgrund des psychologischen Effekts, den das Beisammensein hat, sondern auch, weil sich hierbei unsere physiologischen Rhythmen aufeinander einpendeln. Beim Teilen von Nahrung, einer sozialen Handlung, wird ebenfalls Oxytocin ausgeschüttet[150, 151] – das interessanterweise wiederum die Nahrungsaufnahme und den Appetit reguliert.[152] Das gemeinsame Essen mit der Familie oder im Freundeskreis ist also eine weitere Strategie, wie wir die Bindung zu unseren Mitmenschen stärken können. Vermutlich gilt dies sogar für unseren gesamten Biorhythmus.

Natürlich hat jeder einen eigenen Rhythmus – so gibt es die Lerchen und die Nachteulen. Doch scheint es, dass die Evolution uns mit den Anlagen ausgestattet hat, diese Rhythmen aufeinander abzustimmen und aneinander anzugleichen. Tatsächlich war es lange Zeit normal, das Bett oder den Schlafbereich mit anderen zu teilen. Dies gewährte Schutz und zudem Wärme. Erst seit dem 19. Jahrhundert wird Schlafen zur Privatangelegenheit und das eigene Bett zu einem Zeichen von Zivilisiertheit.[153] Biologisch gesehen spielt das gemeinsame Schlafen jedoch weiterhin eine wichtige Rolle für die Regulation von Körperfunktionen wie zum Beispiel der Wärme, aber auch der Atmung.[154, 155] Und auch

beim Schlafen im gemeinsamen Bett scheinen sich die körperlichen Rhythmen wie Herzschlag und Atmung aneinander anzupassen – wieder eine Form der Synchronisierung.[156]
Selbst wenn wir davon nichts mitbekommen, scheinen wir
es doch zu ahnen. Denn das geteilte Bett ist für uns meist
eine intime Angelegenheit, oft noch intimer als Sex. Erst
wenn man beieinander übernachtet, wird es in vielen Beziehungen ernst. Und auch umgekehrt, bei Streit in der Beziehung, verlässt häufig ein Partner das gemeinsame Schlaf-
gemach. Natürlich gibt es auch andere Faktoren neben der
emotionalen Nähe, die die Schlafgewohnheiten beeinflussen: Manchmal schnarcht der Partner so laut, dass man das
geteilte Bett aufgibt. Es ist also kein Maß für die Beziehungs-
qualität, wie man schläft. Doch zumindest scheinen nach
wie vor die meisten Menschen das gemeinsame Schlafen
zu bevorzugen – selbst wenn man vom Partner, Kind oder
Haustier häufiger aufgeweckt wird. Andere Erwachsene teilen ihr Bett nicht mit einem romantischen Partner, sondern mit einem Haustier.[157] Besonders das Schlafen in der
Nähe von Hunden erscheint auch evolutionsbiologisch
sinnvoll, da Hunde einen besonderen Schutz für ihr Herr-
chen und Frauchen darstellen. Aber auch Katzenkörper
stellten in Zeiten vor der Zentralheizung eine wunderbare
Wärmequelle dar und befreiten das Schlafzimmer von Un-
geziefer. Ob wir unsere Atmung und unseren Herzschlag
auch mit den Tieren in unserem Bett synchronisieren, ist
allerdings noch unerforscht.

Das Zugehörigkeitsgefühl und die Synchronizität der körperlichen Rhythmen beeinflussen sich gegenseitig: Wem

man sich verbunden fühlt, dem passt man sich eher an – und je öfter man gemeinsam isst, ruht, musiziert, tanzt, sich auspowert oder schlafen geht, desto stärker wird die Bindung. Wir können also durch gezieltes Teilen unserer Biorhythmen das Nähegefühl in unseren Beziehungen vergrößern. Die Anpassung aneinander geschieht hier meist bidirektional – beide Menschen nähern sich ein Stück weit dem anderen an. Das bedeutet, dass man sich ähnlicher wird, dass man seine Gedanken- und Gefühlswelt einander anpasst. Auch hieraus ergibt sich eine Strategie, die eigenen positiven Erwartungen zu stärken: Indem man versucht, Zeit mit Menschen zu verbringen, die bereits Glückspilze sind, sollte man auch selbst zu einem werden. In diesem Sinne könnte Glück tatsächlich ansteckend sein.

Shoshin

Das japanische Wort *shoshin* bedeutet in etwa «Geisteshaltung des Anfängers/der Anfängerin». Es beschreibt einen weiteren Baustein der positiv-offenen Erwartungshaltung, in die wir uns einüben wollen. Zahlreiche Studien belegen, dass wir unsere Fähigkeiten häufig selbst überschätzen, und zwar umso mehr, je überzeugter wir uns selbst als «Experte» oder «Expertin» auf einem bestimmten Gebiet ansehen. So genügt es, ein bestimmtes Fach studiert zu haben, um sein Wissen aus diesem Fachbereich für besser zu halten, als es in einem Test dann tatsächlich ist (vermutlich, weil man glaubt, noch genauso viel zu wissen wie damals

zu Studienzeiten, selbst wenn diese dreißig Jahre zurücklie-
gen).[158] Macht ja nichts, ein gesundes Selbstvertrauen scha-
det doch nicht, könnte man einwenden. Jedoch führt die
Selbsteinschätzung als Experte oder Expertin leider oft dazu,
den eigenen Standpunkt dogmatisch zu vertreten und un-
einsichtig auf Gegenargumente zu reagieren. Dies wird als
«Earned dogmatism»-Effekt bezeichnet, «der verdiente/er-
arbeitete Dogmatismus».[159] Wer hingegen eher bescheiden
in Bezug auf seine intellektuellen Fähigkeiten ist, sich eher
unter- als überschätzt, ist offener für neue Informationen,
hat eine größere Motivation zu lernen, und kann sich neu
erlangtes Wissen besser merken.[160] Intellektuelle Beschei-
denheit und eine «Geisteshaltung des Anfängers» führen
dazu, die Frequenz der Vorhersagen über mögliche Ereignisse in der Zukunft zu senken und so die Anzahl *merk-wür-
diger* (salienter) Erlebnisse zu erhöhen. *Shoshin* erlaubt es
uns, anderen Menschen, ihren Ansichten und Gefühlen,
aber auch ihrem Wissen und ihrer Weisheit offen gegen-
überzutreten und so Neuartiges in die eigene Weltsicht zu
integrieren. So hilft uns *shoshin*, unsere Erkenntnisfähig-
keit zu erweitern und ein Leben lang aufrechtzuerhalten.

In Kombination mit einer solidarischen und loyalen Beziehung zu den Mitmenschen verstärkt *shoshin* die mögliche Korrektiv-Funktion des Gegenübers. Wer einen nahen
Vertrauten hat, hat auch einen idealen Sparring-Partner für
die eigenen Gedanken und Gefühle. Kommt man etwa
verärgert aus dem Büro, weil die Kolleg:innen die vorge-
brachten Einwände im Meeting nicht ausreichend beachtet
haben, merkt man häufig erst im Gespräch mit einem ver-

trauten Menschen, dass die eigene Interpretation oder Reaktion falsch oder zumindest übertrieben war. Allerdings
kann dies auch nach hinten losgehen, man kann ebenso
den Partner mit seinen Ängsten und Sorgen anstecken. Das
Korrektiv der Gemeinschaft durch Konsens funktioniert
also nicht immer und kann leider auch ins Gegenteil um-
schlagen, insbesondere da wir durch das Internet häufig
eine völlige Fehlwahrnehmung dessen vermittelt bekommen, was der aktuelle gesellschaftliche oder wissenschaftliche Konsens ist. Wir können dem entgegenwirken, indem
wir uns immer wieder offen und bewusst anderen Meinungen aussetzen und uns mit anderen Menschen auf kon-
struktive Art und Weise auseinandersetzen. Hierbei kann es
helfen, sich das relativ geringe Ausmaß des eigenen Wissens
vor Augen zu führen und sich bewusst zu machen, dass
man von jedem anderen Menschen etwas Neues lernen
oder erfahren kann. Auch wer Intelligenz nicht als statisch
und gegeben ansieht, sondern als etwas versteht, das sich
trainieren lässt, ist anderen Meinungen und neuen Informationen gegenüber offener.[161]

Die Offenheit für neue Erfahrungen sollte auch unser
Wohlergehen steigern können. Mit «Wohlergehen» meine
ich hier nicht kontinuierliches Glücksempfinden, sondern
ein gutes und erfülltes Leben. Was ein «gutes Leben» sei,
darüber streiten Philosophen seit Jahrtausenden. Ist es ein
Leben, das auf größtmöglichen Genuss, oder ein Leben, das
auf moralische Tugenden und Ziele ausgerichtet ist? Die
psychologische Forschung unserer Tage schlägt eine weitere
Alternative vor: das psychologisch vielfältige Leben, ein Le-

ben, das reich an Erfahrungen ist.[162] Die Forschenden fragten ihre Teilnehmer:innen, was geschehen wäre, wenn sie das Ereignis, das sie in ihrem bisherigen Leben am allermeisten bereuten, ändern oder rückgängig machen könnten. Die Befragten (aus verschiedenen Ländern, u. a. USA und Korea) gaben an, dass ihr Leben dann vielfältiger und ereignisreicher gewesen wäre. Die Studie ist ein indirekter Nachweis dafür, dass wir ein Leben, das reich an Erfahrungen ist, sehr schätzen.* *Shoshin* kann uns also auf vielfältige Art und Weise helfen: Wir sind anderen Menschen und Meinungen gegenüber offener, es fällt uns leichter, Neues zu lernen, und wir haben weniger starre Erwartungen an die Zukunft. Letzteres wird dazu führen, dass sich häufiger merkwürdige Überraschungen ereignen, was wiederum unser Leben vielfältiger werden lässt.

Spiritualität

Ich bin kein religiöser Mensch. Als Naturwissenschaftlerin ist mein Denken geprägt von Neugierde und Skepsis. Es bedeutet für mich vor allem, die Dinge zu hinterfragen. Und doch entdecke ich an mir ab und an eine gewisse Sehnsucht

---

* Zugleich gaben nur 17% der Teilnehmer:innen aus Deutschland an, dass sie ein vielfältiges Leben einem auf Glück und Stabilität ausgerichteten vorziehen würden. Aber gut, wer würde nicht «glücklich sein» wählen, wenn man vor die Auswahlmöglichkeiten «Glück» oder «ereignisreich» gestellt wird. Ob das sich wirklich auf die im Leben geschätzten Werte übertragen lässt, ist schwer zu sagen und müsste genauer erforscht werden.

nach Spiritualität. Vielleicht ist es auch ein Wiederent-
decken. Als Kind verbrachte ich viel Zeit in meinen Fan-
tasiewelten, deren Existenz sich mit der realen Welt ver-
mischte. Das waren vor allem Welten von Naturgeistern
wie Elfen, Feen, Gnomen, Trollen und vermutlich sehr vielen wilden Pferden. Ich möchte also hier nicht für oder
gegen die Existenz eines oder mehrerer Götter oder anderer
Wesen und Kräfte argumentieren. Für diese Frage halte ich
mich an Sokrates, der so treffend sagte: «Ich weiß, dass ich
weder viel noch wenig weiß» (dies wird oft fälschlich als das
unlogische «Ich weiß, dass ich nichts weiß» zitiert). Hier
möchte ich lediglich der Frage nachgehen, welche Rolle Spiritualität im Sinne der positiven Erwartung spielen kann.

Da Religion und Spiritualität weitverbreitete Phänomene
sind – nicht nur in allen Gesellschaften und Kulturen, sondern, soweit wir wissen, auch in allen Zeiten der Menschheitsgeschichte – vermute ich, dass sie auf ein biologisch
begründetes Bedürfnis zurückgehen, dass wir also von Natur aus eine Anlage zur Spiritualität haben. Unter spirituellen Erfahrungen versteht man meist das Empfinden von
Ehrfurcht gemischt mit Bewunderung («awe»), von Einheit
mit der Welt, von einer Abschwächung der Grenze zwischen dem Selbst und den Anderen. Ob es sich dabei um
ein genuin menschliches Empfinden und Verhalten handelt, lässt sich nicht beantworten. Wie sollen wir schon
wissen, ob ein Tier ein spirituelles Erleben hat? Wir können
jedoch beobachten, dass manche Tiere Verhaltensweisen
zeigen, die bei uns Menschen mit spirituellem Erleben in
Zusammenhang stehen. Beispiele sind das gemeinsame

Singen bei Walen und Delfinen und die Trauer um Tote bei Elefanten und Affen.[163]

Besonders eindrucksvoll wird es, wenn wir uns unsere nahen tierischen Verwandten genauer ansehen: Schimpansen zeigen ausgeprägte emotionale Reaktionen, wenn einer aus ihrer Gruppe stirbt, unter anderem Schreie und jammernde Geräusche, Fellpflege des toten Körpers sowie eine besondere Zugewandtheit, die einer Totenwache ähnelt. Auch andere Verhaltensweisen von Schimpansen ähneln menschlichen spirituellen Ritualen. So ist bekannt,[164] dass sie mit Händen und Füßen auf Bäume trommeln* und bei starkem Regen und an Wasserfällen eine Art Regentanz aufführen.** Letzteres kommentierte die berühmte Primatenforscherin Jane Goodall folgendermaßen: «Trotzen sie den Elementen ... ehrfürchtig und aufgeregt ... ist es so etwas wie Ehrfurcht? Wenn der Schimpanse seine Gefühle und Fragen mit den anderen teilen könnte, könnten diese wilden Elementardarstellungen dann zu einer Form animistischer Religion ritualisiert werden? Würden sie die Wasserfälle anbeten, die Sintflut vom Himmel, den Donner und Blitz – die Götter der Elemente?»[165] Von mehreren wild lebenden Schimpansengruppen wurde berichtet, dass sie Steine in einen hohlen Baum werfen, so dass Gebilde entstehen, die von Menschen gemachten Steinstapeln («Steinmännchen» oder «Cairn») oder Schreinen in Bäumen[166] ähnelten – ein

---

* Hier zu sehen und hören: https://youtube/U5BpFAL5GNo und https:// youtube/rUWncJMIaZY und https://youtube/6aAfz0uizCs
** Hier zu sehen mit einem wunderbaren Kommentar von Jane Goodall: https://youtube/jjQCZClpaaY

Verhalten, das auch bei Schimpansen als eine Art Ritual verstanden werden kann.[167] Forscher:innen spekulieren nach wie vor über die Funktion dieses Rituals. Es wurde vorgeschlagen, dass es sich um eine Weiterentwicklung des Trommelns handelt und insofern der Kommunikation dient.[168] Eine andere Interpretation sieht in diesem Verhalten eine ritualisierte Verringerung von Aggression und so einen Vorläufer ethischen Handelns.[169] Man kann dieses Phänomen als simples, instinktgetriebenes Verhalten abtun – wenn man Tieren ein emotionales Innenleben abspricht. Dafür gibt es jedoch keine wissenschaftliche Basis.[170]

Der Religionswissenschaftler Donovan Schaefer plädiert dafür, dass wir uns von der strikten Bindung von Religiosität an Sprache und Schrift lösen – und uns öffnen für ein Verständnis von Spiritualität als etwas, das wir leiblich erleben und ausdrücken. Im Vergleich zu uns haben Tiere, so Schaefer, «andere Lebenswelten, andere Faszinationen, andere Interessen, die sich aus ihrer komplexen Evolutionsgeschichte ergeben. Das können Wasserfälle, Brände, Stürme oder Merkmale der Landschaften sein, in denen sie leben, arbeiten und spielen, die ihnen irgendwie auffallen. Ihre Religionen werden aus ihren Faszinationen aufgebaut, so wie unsere Religionen aus unseren aufgebaut sind».* Jedenfalls spricht vieles dafür, dass es eine biologische Basis für spirituelles Erleben gibt, die wir mit den Tieren teilen.

* https://www.theatlantic.com/science/archive/2016/03/chimpanzee-spirituality/475731/

Spiritualität könnte sich also im Laufe der Evolution herausgebildet haben, weil sie einen Vorteil für uns darstellte. Sie half dabei, mit Schicksalsschlägen umzugehen, und löste bei denjenigen, die sie besaßen, Zuversicht aus – mit der Folge, dass sie sich eher auf risikoreiche Unternehmungen einließen wie eine Wanderung ins Ungewisse oder eine große Mammutjagd. Kurz und gut, der Vorteil von Spiritualität könnte sein, dass sie zu einer positiven Erwartungshaltung verhilft.

Rituale, ob nun religiös, spirituell oder weltlich, scheinen für uns Menschen wichtig zu sein, sie geben uns Sicherheit und emotionale Stabilität durch ihre Regelmäßigkeit. Insofern tragen sie auch zu einer positiven Erwartungshaltung bei. Solche Rituale hat jeder, selbst wenn man sie manchmal gar nicht als solche erkennt und ihnen keine große Bedeutung beimisst. Allein die ungestörten fünf Minuten am Morgen mit einer heißen Tasse Kaffee oder Tee kann man als ein Ritual verstehen. Und natürlich kann man Rituale auch gezielt für sich und die Menschen, mit denen man zusammenlebt, erschaffen – etwa Festlichkeiten in Verbindung mit den Jahreszeiten oder Sonnenwendzeiten. Heute legen manche Menschen an Orten, die für sie eine besondere Bedeutung haben, im Vorübergehen einen Stein ab (und handeln damit, ohne dass es ihnen in der Regel bewusst sein dürfte, ähnlich wie manche Schimpansen).

Unabhängig davon, welche Form des Erlebens und Ausdrucks man wählt, verfügen wir mit spirituellen Erlebnissen und Handlungen und auch mit Ritualen über Möglichkeiten, positive Erwartungen und emotionale Stabilität auszu bilden. Und das selbst angesichts der zahlreichen negativen Nachrichten und Prognosen, mit denen wir tagtäglich konfrontiert sind. Das ist wichtig, denn aus Hoffnungslosigkeit und Verzweiflung schöpft man keine Energie – weder für sich selbst noch für andere. Ich plädiere nicht für blinden Optimismus, der die Augen vor den Problemen verschließt. Vielmehr plädiere ich dafür, die Energie, die uns positive Erwartungen geben können, zu nutzen, nicht nur für uns selbst, sondern insbesondere für andere und für die Erhaltung unserer wundervollen natürlichen Welt.

Chancen für das Glücksschwein

Wie können wir diese Forschungsergebnisse nun konkret für das eigene Leben nutzen? Hierfür genügt es ja nicht, die psychologischen und neurobiologischen Mechanismen zu kennen, die hinter Placebo-Effekten und sich selbst erfüllenden Prophezeiungen stehen. Wir wollen diesen nicht bloß passiv ausgeliefert sein, sondern sie aktiv nutzen, um Änderungen in unserem alltäglichen Leben herbeizuführen. Allein diese Feststellung enthält schon den ersten wichtigen Schritt, nämlich sich nicht durch Passivität dem «Schicksal» auszuliefern, sondern durch eigenes Zutun das Leben in die Hand zu nehmen und Gelegenheiten beim Schopfe zu packen.

Damit meine ich allerdings nicht, wir sollten versuchen, unser Leben mit aller Gewalt nach unserem Willen zu formen. Eine gewisse Gelassenheit gegenüber den Gegebenheiten und dem Schicksal, also den Ereignissen, die uns zustoßen, ist eine Grundzutat für innere Zufriedenheit und Ausgeglichenheit. Wir müssen unterscheiden lernen zwischen den Dingen, die wir beeinflussen können, und denen, die gegeben sind und die wir nicht ändern können.

Die Umweltbedingungen, in die wir hineingeboren werden, die Erfahrungen, die wir machen, ja, die Gene, die wir vererbt bekommen, bestimmen zu einem großen Anteil, wer wir sind, was uns zustößt und wie wir uns entscheiden.[171] Wir leben nicht als unabhängige Individuen, sondern sind eng eingebunden in die Gesellschaft, an deren gesetzlich vorgeschriebene und zwischenmenschliche Regeln wir uns halten müssen. Wir müssen zur Schule gehen, wir müssen arbeiten, um unseren Lebensunterhalt zu finanzieren, wir müssen Steuern zahlen und Versicherungen abschließen. Viele müssen mehr und härter arbeiten als andere und haben trotzdem weniger Erfolg. Die Lebensumstände, mit denen sich der oder die Einzelne konfrontiert sieht, sind unfair. Es ist wichtig, es ist notwendig, sich dafür einzusetzen, dass dies nicht so bleibt. Zugleich kann ein einzelner Mensch die gesamtgesellschaftlichen Änderungen nicht abwarten.[172] Dies bedeutet nicht zwangsläufig Resignation. Man kann sich dafür einsetzen, dass sich die Lebensbedingungen insbesondere für marginalisierte Gruppen verbessern. Gleichzeitig kann und muss man sich die Frage stellen, wie man sich in den Gegebenheiten, in denen man sich aktuell befindet, am besten einrichtet. Wie nutzt man die Werkzeuge und Fähigkeiten, die man hat, um das, was sich formen lässt, zu formen.

Und noch ein Statement in eigener Sache: Während ich darüber schreibe, dass wir geistige Autonomie und *shoshin* praktizieren sollten, dass wir den Blick in die Zukunft öffnen und die Beziehung zu unseren Mitmenschen vertiefen sollten, stellt sich mir natürlich die Frage, ob ich mich an meine eigenen Ratschläge halte. Die ehrliche Antwort ist folgende: Ich versuche es, aber es fällt mir nicht leicht und gelingt häufig nicht. Wie können die eigenen Gedanken nicht um Fragen der Gesundheit kreisen, während eine Pandemie wütet? Wie kann man ohne Sorge in die Zukunft blicken, wenn die Klimakrise immer offensichtlicher wird und ihr Point of no return immer näher rückt? Wie kann man Nähe und Verbundenheit mit den Liebsten empfinden, wenn diese nicht in der Nähe sind?

Doch meine Vorschläge sind weder Moralpredigten noch psychologische Wundermittel. Sie sind lediglich Rückschlüsse, die sich aus Forschungsergebnissen ziehen lassen. Ob diese Vorschläge greifen, das heißt, ob sie sich auf die Lebenswirklichkeit übertragen lassen, kann sich nur zeigen, wenn wir dies selbst testen. Ob wir tatsächlich vom Pechvogel zum Besitzer eines Glücksschweins werden, indem wir daran glauben, können wir nur erfahren, wenn wir es ausprobieren. Dafür müssen wir uns trauen, das Bild, das wir von uns selbst haben, in Frage zu stellen und es zu ändern. Die Ungewissheit, die sich daraus ergibt, kann Ängste auslösen – weshalb wir häufig an einem Selbstbild wie dem des Pechvogels festhalten, obwohl es uns leiden macht. (Im Englischen gibt es hierzu das treffende Sprichwort: *Better the devil you know than the devil you don't know –*

Besser der Teufel, den du kennst, als der Teufel, den du nicht kennst.)

Wie und wo können wir also Einfluss nehmen? Wir haben gesehen, dass unserer Wahrnehmung und unserer Einordnung von Ereignissen ein «Weltmodell» zugrunde liegt. Dieses Weltmodell ist uns als erwachsener Mensch erst einmal gegeben – seine Anfänge datieren ja auf die Zeit zurück, da wir noch als Embryo in der Gebärmutter unserer Mutter schwammen. Und es hat sich weiter etabliert, da es bereits ausreichend Zeit hatte, die meisten seiner Vorannahmen zu prüfen und dann gezielt zu selektieren, so dass wir immer sicherer in unseren Erwartungen wurden. Manche von uns haben ein starreres Weltmodell als andere – vielleicht haben sie einfach ihr Leben lang sehr regelmäßige Erfahrungen gemacht, die genau zu diesem Weltmodell passten.

Es ist also nicht unbedingt leicht, das eigene Weltmodell zu ändern. Einem eingefleischten Pessimisten wird es schwerfallen, einen positiven Ausgang zu erwarten – und wenn dann die kleinste Kleinigkeit schiefgeht, wird er oder sie sich direkt in seinem oder ihrem Weltmodell bestätigt fühlen. Doch die alte Volksweisheit «Was Hänschen nicht lernt, lernt Hans nimmermehr» entspricht nicht der Wahrheit. Viel eher sollte es heißen: Es wird schwerer für Hans als für Hänschen, weil Hans schon eine Weile auf der Welt ist und bereits jede Menge Vorannahmen und Erwartungen geformt hat. Doch wenn Hans sich anstrengt, kann er etwas Neues lernen – nur ist dieser Spruch nicht so eingängig.

Wir können nicht erwarten, uns mit zunehmendem Alter genauso leicht und schnell an veränderte Lebensbedingungen anzupassen wie in unserer Jugend. Doch unser Gehirn bleibt ein Leben lang offen für neue Eindrücke, bleibt plastisch. Je älter wir werden, desto mehr oder desto stärkere Eindrücke benötigt es, um seine Erwartungen zu verändern. Indem wir *shoshin*, die Geisteshaltung des Anfängers, einnehmen, gelingt dies leichter. *Shoshin* ermöglicht es uns, der Welt offen und unvoreingenommen entgegenzutreten – und als Belohnung dafür desto mehr von all der Weisheit, die bereits vorhanden ist, zu profitieren. Hierzu gehören auch das Staunen und die Ehrfurcht: Wer sich von der Welt in Staunen versetzen lässt, wer das Merk-Würdige in der Welt sucht, erfährt eine neue Offenheit gegenüber der Welt und den Menschen.[173] Dazu zählt auch das Bedürfnis, die Umwelt und die Menschheit zu schützen.[174, 175]

* * *

Wir haben gesehen, dass neuartige Erlebnisse zu Freude führen können. Eine häufige Erfahrung ist, dass ein Ereignis beim ersten Erleben großes Entzücken hervorruft, doch dass Wiederholungen dieser allerersten Erfahrung nie wieder gleichkommen. Gerade in der Liebe scheint dies häufig zuzutreffen: Die erste Jugendliebe empfinden wir oft als «die große Liebe». Bei manchen führt das zu einer aussichtslosen Jagd nach diesem ersten intensiven Verliebtheitsgefühl. Nur dass es sich im Erwachsenenalter möglicherweise nicht mehr so einstellt – weil es nie mehr das erste Mal sein kann. Das klingt zunächst enttäuschend: Können wir tatsächlich die Hochgefühle der Jugend nicht auffrischen? Wie können wir die Freude am Unerwarteten auf konstruktivere Weise in unser Leben integrieren?

Vor kurzem war ich in einem Spa und hatte die Möglichkeit, eine neuartige Massage mit Hilfe von Wasserstrahlen auszuprobieren. Ich war begeistert von dem Erlebnis und buchte kurze Zeit später einen zweiten Termin. Voller Vorfreude legte ich mich wieder auf das Massagebett – und war am Ende der Behandlung ein wenig enttäuscht: Ja, es war schon gut, aber bei weitem nicht *genauso gut* wie beim ersten Mal. Beim ersten Mal hatte ich keine Erwartungen gehabt. Ich wollte das mal ausprobieren, war offen für die neue Erfahrung, aber hatte eben weder besonders hohe noch niedrige Erwartungen. Nun war die neuartige Erfahrung gut und produzierte in meinem Weltmodell einen positiven Vorhersagefehler: Ich hatte keine Erwartung, die Vorhersage war also «null» – und dann machte ich eine positive Erfahrung, die ich mit acht von zehn Punkten bewerten würde. Der Unterschied – der Vorhersagefehler – zwischen dem Erlebnis (8 Punkte) und der Erwartung (0 Punkte) beträgt demnach acht Punkte. Bei der nächsten Massage hatte sich meine Erwartung klar nach oben hin verändert. Vielleicht hatte ich nicht mehr genau in Erinnerung, wie toll das Erlebnis war, sagen wir, die Unsicherheit lässt den Erwartungswert auf sechs Punkte absinken. Die Massage ist genauso gut wie beim letzten Mal: acht

Punkte. Doch der Vorhersagefehler, der Unterschied zwischen Erwartung und tatsächlicher Erfahrung, fällt nun natürlich deutlich geringer aus: nur noch zwei Punkte Unterschied. Der Vorhersagefehler – sprich die *Salienz* – würde nun immer mehr abnehmen, je öfter ich zur Massage ginge, weil mein Gehirn immer besser darin wird, vorherzusagen, was zu erwarten ist. Das heißt nicht, dass die Massage selbst weniger angenehm ist. Aber es bedeutet zumindest, dass sie nicht mehr denselben Wow!-Effekt hat wie beim ersten Mal.

Dieses Beispiel zeigt: Gute unerwartete Erlebnisse haben zur Folge, dass wir uns gut fühlen. Doch das innere Modell der Welt verbessert sich ständig, so dass es im Laufe des Lebens immer präziser wird und genauere Vorhersagen treffen kann. Das macht es mit zunehmendem Alter schwerer, überrascht zu werden – im positiven wie im negativen Sinne. Dementsprechend verändert sich das Erleben der meisten Menschen von der Achterbahnfahrt der Gefühle in der Jugend hin zu einer eher gleichbleibenden, neutralen Grundstimmung im Erwachsenenalter. Viele begrüßen diese Entwicklung hin zu mehr Gelassenheit, da die Berg-und-Tal-Bahn der jüngeren Jahre ziemlich anstrengend sein kann. Doch bedeutet mehr Abgeklärtheit eben auch, weniger starke Hochstimmungen zu erleben. Wenn wir uns ansehen, wie rasch sich die Lebensbedingungen in den letzten Jahrzehnten verändert haben, kann es natürlich möglich sich, dass uns im Alter noch viele Überraschungen bevorstehen. Allerdings werden sich die grundlegendsten Dinge, die Art und Weise, wie wir miteinander interagieren, die

Gefühle, die wir selbst empfinden können, und die Naturgesetze wohl kaum ändern.

Kann man dann überhaupt etwas dafür tun, ein wenig von dem jugendlichen Sprudeln zu erhalten oder wiederzuerwecken? Wir sollten wohl kaum versuchen, alles, was wir gelernt haben – alle Vorannahmen und Erwartungen – zu vergessen. Im Extrem würde wir so wieder zum Baby werden. Die basalsten Vorannahmen helfen uns, etwas automatisch auszuführen, Aufrechtstehen und Laufen, Zähneputzen und Autofahren. Anders hingegen verhält es sich in Bezug auf zukünftige Erfahrungen und Erlebnisse: Hier können wir versuchen, unsere Erwartungen klein halten. Allerdings soll das nicht heißen, dass wir immer das Schlechteste erwarten sollten! Denn ehe wir uns versehen, geraten wir so in den Strudel der sich selbst erfüllenden Prophezeiungen und des Nocebo-Effektes. Vielmehr können wir versuchen, *gar nichts zu erwarten*. Neutral und offen auf Erlebnisse zuzugehen. Einen leeren Geist, einen möglichst verschwommenen Blick in die Zukunft.

Das ist nicht einfach. Aber wir haben zumindest gewisse praktische Einflussmöglichkeiten. Wenn wir in den Urlaub fahren, können wir zum Beispiel vermeiden, jede einzelne Hotelbewertung im Internet zu lesen. Wir können versuchen, uns zwar über den Urlaubsort zu informieren, um zu wissen, welche Sehenswürdigkeiten es gibt – aber uns nicht vor der Reise unzählige Bilder davon anzusehen. Denn diese wurden vielleicht zu einer anderen Jahreszeit und unter anderen Wetterbedingungen aufgenommen. Oder noch schlimmer: digital bearbeitet, so dass sie gar nicht der

Wirklichkeit entsprechen. Dann gelangt man womöglich voller Vorfreude an den Ort der Sehnsucht, der tatsächlich ein wundervoller Ort ist, etwa ein Strand, doch man genießt ihn nicht, da er nicht den Erwartungen entspricht, den die Bilder geweckt haben. Möglicherweise verbringt man sogar eine schöne Zeit an dem Strand, doch der Sonnenuntergang ist nicht so spektakulär wie erwartet – und man ist enttäuscht, anstatt den magischen Abend zu genießen.

Ein anderes Beispiel: Viele Besucher:innen des Louvre sind von der Mona Lisa im Original enttäuscht. Man hat das Gemälde schon so oft reproduziert gesehen. Dabei wurden vielleicht die Farben oder Kontraste etwas verstärkt, es wurde vergrößert. Zudem hat die Berühmtheit des Bildes eine besondere Erwartungshaltung bei uns geweckt: Man müsse, so denken wir, im Anblick des Originals etwas spüren – Rührung, Andacht, Ehrfurcht vielleicht. Doch dann hängt da dieses kleine Bild hinter Glas, an dem man in der Besuchermenge so schnell vorbeigeschoben wird, so dass man kaum einen Blick erhaschen kann. Und innerlich rührt sich nichts. Klar, dass dies enttäuschend ist. Und im Fall der Mona Lisa ist es wohl kaum möglich, die eigenen Erwartungen herunterzuschrauben. Dazu ist das Gemälde einfach zu berühmt, und jeder hat schon eine Reproduktion gesehen. Doch in unserem Alltag können wir durchaus versuchen, möglichst geringe und möglichst wenige Erwartungen zu haben und mit offenem Blick in die Zukunft zu gehen. Dieses Vorgehen lässt sich auf alle möglichen Bereiche des alltäglichen Lebens anwenden: auf den Restaurantbesuch, auf das Blind Date, auf die mögliche weitere Entwicklung einer Beziehung oder der Karriere.

Bei dem Vorhaben, positiv, unvoreingenommen und offen der Zukunft entgegenzugehen, stehen wir uns womöglich selbst im Weg, indem wir durch möglichst gutes Planen zu vermeiden versuchen, dass uns Schlechtes widerfährt. Die Richtigkeit dieses Verhaltens will ich nicht in Abrede stellen. Doch müssen wir uns klarmachen, dass wir selbst mit dem besten Plan nicht jedes negative Ereignis vermeiden können, dass wir nicht alles vorhersagen können, ganz egal, wie gut wir unser Gehirn schon im Vorhersagen trainiert haben. Mit einer gewissen Unsicherheit und Unvorhersagbarkeit müssen wir leben können. Und bei all unseren Zukunftssorgen sollten wir nicht vergessen, dass nicht jede Unsicherheit, nicht jedes unerwartete Ereignis etwas Schlechtes sein muss. Klar, uns allen stehen Schicksalsschläge und schwere Erfahrungen bevor – doch ebenso gute Zufälle und positive Überraschungen! Wir Menschen haben jedoch die Neigung, auf das Negative zu fokussieren und dieses mit aller Kraft vermeiden zu wollen. Hier sei also eine gewisse Zurückhaltung empfohlen. Zwar ist es gut, für die Zukunft vorzusorgen, sei es beim Rentenplan oder der Auswahl des Hotels. Doch um der Zukunft mit einer gewissen Erwartungslosigkeit und Offenheit entgegenzutreten, müssen wir auch Spielräume für Unerwartetes lassen. Die Akzeptanz der Unvorhersagbarkeit macht das Leben leichter; denn sie verringert die Last der Sorgen, die wir uns aufladen. Wie schwer diese Last wiegt, wie verstrickt wir in diese Sorgen sind, wird einem schnell klar, wenn man einmal beobachtet, wieviel Zeit wir tagtäglich für Gedanken um mögliche Zukünfte aufwenden und wie oft wir etwas tun, um zukünftige Unglücke zu vermeiden: wie viele Versicherungen wir abschließen, wieviel Geld wir sparen, wie genau wir Bewertungen von Restaurants und Hotels lesen, wie oft wir unsere Symptome googlen, wie häufig wir über Plan B nachdenken, wie häufig jemand seinen Partner verlässt, nur um nicht selbst verlassen zu werden. Wie gesagt, viele dieser Vorsorgen sind sinnvoll oder auch unvermeidlich. Auch hier geht es darum, das richtige Maß zu finden. Wo dieses liegt, wird sich von Person zu Person unterscheiden. Manche Menschen benötigen mehr Sicherheit, andere genießen ein höheres Maß an Risiko.

Eine Problematik der hier vorgeschlagenen Strategie liegt auf der Hand: die zunehmende Digitalisierung unserer Alltagswelt. Denn mehr und mehr treffen nicht wir selbst, sondern Algorithmen Zukunftsvorhersagen für uns oder über uns und greifen anhand dieser Vorhersagen in diese, unsere Zukunft ein.

Womit wir es unter dem Namen der künstlichen Intelligenz zu tun bekommen, ist häufig nicht mehr als eine einfache Vorhersage-Maschine: Computermodelle werden mit Informationen gefüttert, anhand derer sie Wahrscheinlichkeiten berechnen. Auch hier gilt: Grundsätzlich ist daran nichts Falsches. Allerdings ist kaum anzunehmen, dass diejenigen, die die Modelle erstellen, und diejenigen, die sie am Ende nutzen, eng zusammenarbeiten. Mit der Folge, dass die Nutzer:innen, beispielsweise aus der Versicherungsbranche, womöglich gar nicht wissen, wie eine Wahrschein-

lichkeit errechnet wurde, anhand derer dann die Versiche-
rungsprämie festgelegt wird.[*]

Bereits jetzt berechnen Dating-Portale ihre «Matches»
anhand von Computermodellen – mit der Folge, dass jedem
Single nur ein bestimmter Pool von möglichen Kandidaten
überhaupt zur Auswahl vorgelegt wird. Dabei zeigen Studien, dass individuelle Charaktereigenschaften viel weniger
mit dem Erfolg einer Beziehung zu tun haben, als wir glau-

---

[*] Ähnliches geschieht bereits bei der Kreditvergabe. Es ist an sich nach-
vollziehbar, wenn über eine Kreditvergabe anhand von objektiven Stan-
dards entschieden wird. Doch besteht die Gefahr, dass die Modelle auf
Berechnungen basieren, die unsere allzu menschlichen Neigungen und
Einschätzungen widerspiegeln, anstatt wirklich objektiv zu sein – wie sie
vorgeben. Ein solches Computermodell lernt, seine Vorhersagen anhand von Trainingsdaten zu treffen. Es erhält zum Beispiel Informationen über 100 Menschen, sagen wir über deren Alter, Geschlecht, Beruf,
politische Neigung, Beziehungsstatus. Es erhält auch die Information,
ob diese 100 Personen einen Kredit von der Bank erhalten haben oder
nicht. Und so lernt das Programm zuerst, die Kreditwürdigkeit dieser
100 Personen zu berechnen. Es versucht die eingefütterten persönlichen
Daten zu nutzen, um die Personen in kreditwürdig und nicht kreditwürdig zu gruppieren. Welche der persönlichen Informationen hier besonders gute Vorhersagekraft haben, also zum Beispiel Geschlecht oder
Beruf, «entscheidet» das Computerprogramm – und der so erstellte
Algorithmus wird dann auf echte Kreditbewerber angewandt. Die
100 Personen im Trainingsdatenset stammen im besten Fall aus der
echten Welt und sind nicht lediglich ausgedacht. Doch selbst wenn es
reale Personen sind, leben sie in einer Gesellschaft, die bereits an vielen
Vorurteilen leidet, welche den Alltag dieser 100 Personen beeinflussen.
So haben vielleicht einige von ihnen den Kredit nicht erhalten, weil sie
einen ausländischen Namen trugen oder weil sie alleinerziehend waren.
Wenn wir nun das Computermodell mit diesen «real world»-Daten
trainieren, wird es genau diese Vorurteile reproduzieren. Infolgedessen
erhalten also Menschen mit ausländischem Namen oder Alleinerzie-
hende weiterhin keinen Kredit, allerdings nun mit der Begründung, es
handle sich um eine objektive Bewertung, da sie ja von einem Computer getroffen wurde.

ben. Wichtig ist viel mehr, dass wir bereit sind, an der Beziehung zu arbeiten, dass wir dem Partner oder der Partnerin gegenüber offen und positiv eingestellt sind und die Bereitschaft haben, Zeit und Mühe zu investieren.[176]

Gut möglich, dass die Algorithmen eine strukturierte und planbare Welt erschaffen, in der wir anhand von Wahrscheinlichkeitsberechnungen den sichersten und am wenig schmerzhaftesten Lebensweg wählen können. Doch wollen wir das auch? Verlieren wir so nicht die Möglichkeit, ein psychologisch vielfältiges und ereignisreiches Leben zu leben? Und: Wo bleiben da Spontanität und Zufall? Sicher, man wird manches negative Ereignis vermeiden können, aber eben auch jede Menge glückliche Zufälle. Wie langweilig.

Ich wiederhole mich: Wenn wir unserem Glücksschwein eine Chance geben wollen, sich zu beweisen, müssen wir lernen, Unsicherheiten auszuhalten. Und das sogar in einer Welt, in der Algorithmen uns Planbarkeit und Objektivität vorgaukeln, denn sie operieren letztendlich auf der Grundlage von Wahrscheinlichkeitsverteilungen. Selbst mit Hilfe bester künstlicher «Intelligenz» bleibt die Zukunft verschleiert und geheimnisvoll. Wir können diese Unsicherheiten für uns selbst anders einordnen, sie nicht als etwas Bedrohliches wahrnehmen, sondern als das, was sie sind: die uns offenstehende Zukunft mit einer Fülle von Möglichkeiten.

Die Technisierung unserer Lebenswelt geht mit einer unglaublichen Vereinfachung des Alltags einher, die auch dazu führt, dass wir es uns immer gemütlicher machen können.

Mit Hilfe unsere Smartphones können wir die Temperatur unseres smarten Hauses schon auf dem Heimweg auf die von uns bevorzugten 21,35 Grad Celsius einstellen, das Licht dimmen und ein sanftes Meeresrauschen einschalten. Wir können aus hunderten verschiedenen Härtegraden genau die Matratze für unser Bett wählen, die unserer Vorliebe entspricht. Wir können unter unzähligen Chipssorten genau die auswählen, die uns persönlich am schmackhaftesten erscheint. Wir sind rund um die Uhr bestens versorgt mit allen Nährstoffen und Leckereien, die wir benötigen. Und das ist wunderbar, geradezu paradiesisch! – Doch geht uns nicht auch etwas verloren, wenn wir unsere Umwelt präzise nach unseren Vorlieben gestalten? Wir verlieren die Möglichkeit, an Herausforderungen zu wachsen und etwas Neues zu entdecken, zum Beispiel einen neuen Geschmack. Wir verlieren Momente, in denen wir uns selbst spüren; sie treten gerade dann auf, wenn etwas nicht perfekt und angenehm ist, zum Beispiel, wenn wir frieren. Wir verpassen Gelegenheiten, unsere psychischen Widerstandskräfte zu trainieren für Zeiten in unserem Leben, in denen wir Unangenehmes aushalten *müssen*, vielleicht aufgrund von Krankheit. Wer bei sportlicher Anstrengung lernt, an seine Grenzen zu gehen, trainiert nicht nur seine Fitness, sondern stärkt auch die Psyche: die Fähigkeit, Schmerzwahrnehmungen und negative Emotionen zu regulieren. Das Gleiche gilt für die kognitive Welt: Wenn wir unangenehme, andersartige Meinungen und Interaktionen vermeiden, verringern wir die Breite der Informationen, die uns zur Verfügung stehen und dazu beitragen, dass wir ein möglichst allumfassendes Weltmodell entwickeln können. Dies geschieht zum Beispiel, wenn die Algorithmen der sozialen Medien uns nur die Nachrichten und Meinungen zu lesen geben, die genau das bestätigen, was wir sowieso schon glauben. Zu einem vielfältigen Leben, das reich an Erfahrungen ist, gehören jedoch auch negative und unangenehme Erlebnisse.

Wir haben die Verbundenheit mit unseren Mitmenschen und Mitgeschöpfen als eine Quelle des Glücks ausgemacht und gesehen, wie wir diese stärken können (Synchronizität!). Glücklicherweise gibt es unzählige Aktivitäten, die dazu beitragen können, dass wir uns unseren Mitmenschen näher und verbundener fühlen – Musik, Sport, Yoga, gemeinsame Mahlzeiten, gemeinsame Nächte. Entscheidend ist immer die geteilte Atmosphäre, die leibliche Präsenz des anderen. Möglicherweise können wir unsere physiologischen Prozesse sogar an einen uns nahestehenden Menschen anpassen, wenn wir mit ihm oder ihr lediglich über einen Videocall verbunden sind. So gibt es Hinweise darauf, dass wir allein beim Anblick eines Videos die Herzrate der gefilmten Person richtig einschätzen können.[177] Allerdings gelingt die Anpassung umso besser, je reichhaltiger die Informationen sind, die uns zur Verfügung stehen. Wenn wir also mit einer Person im selben Raum sind, wenn wir die gleiche Atmosphäre spüren, wenn wir den gesamten Körper unseres Gegenübers wahrnehmen können – Atmung, Geruch, Geräusche und die kleinsten Bewegungen –, dann können wir uns besser synchronisieren. Synchronisierung ist ein wechselseitiger Prozess – zwischen zwei Menschen und auch in Abhängigkeit von der uns umgebenden Situation. Das benötigt Zeit und Raum: Je mehr uns davon für Interaktionen mit unseren Mitmenschen zur Verfügung steht, desto besser können wir uns aufeinander einstimmen, einander helfen, mit negativen Gefühlen und Stress umzugehen, und voneinander lernen. Es sollte klar geworden sein, dass zwei große Schlagwörter unserer Zeit, Selbst-Hilfe und Selbst-Optimierung, in die Irre führen. Gemeinschaft ist essenziell für uns Menschen – durch nichts zu ersetzen. Und sie benötigt den Rahmen einer gemeinsamen Zeit und eines geteilten Raums.

Welche Pflege braucht ein Glücksschwein?

Ich hoffe, ich konnte einige Leser:innen überzeugen, sich ein Glücksschwein anzuschaffen. Für die Glücksschweinhaltung habe ich die besten Tipps zusammengetragen, die die Wissenschaft auf Lager hat. In der Theorie erscheint die Haltung dieser fröhlichen Tierchen recht simpel: Man muss an sein Glücksschwein glauben und ihm Gelegenheit geben, seine Fähigkeiten unter Beweis zu stellen. Zudem sind Glücksschweine äußerst gesellige Tiere, die sich gern mit den Glücksschweinen anderer Menschen tummeln. Und sie haben die wundervolle Fähigkeit, Pechvögel in Glücksvögel zu verwandeln, zumindest wenn man etwas Zeit investiert, damit sich die beiden unterschiedlichen Tiere aufeinander einlassen können. In der Praxis kann sich die Glücksschweinhaltung manchmal kompliziert gestalten, da die sensiblen Tierchen sich durch negative Nachrichten und Erfahrungen leicht verschrecken lassen. Dann kostet es Mühe und Zeit, sie wieder aus ihrem Versteck hervorzulocken. Aber es lohnt sich. Ich werde mir jedenfalls eins besorgen.

Anmerkungen und Literaturhinweise

1 Fuchs, T. *Das Gehirn – ein Beziehungsorgan: eine phänomenologisch-ökologische Konzeption* (Kohlhammer Verlag, 2021).
2 Al, E. *et al.* Heart–brain interactions shape somatosensory perception and evoked potentials. *Proceedings of the National Academy of Sciences* 117, 10575–10584 (2020).
3 Rogers, G. B. *et al.* From gut dysbiosis to altered brain function and mental illness: mechanisms and pathways. *Mol Psychiatry* 21, 738–748, doi:10.1038/mp.2016.50 (2016).
4 Suarez, A. N. *et al.* Gut vagal sensory signaling regulates hippocampus function through multi-order pathways. *Nature communications* 9, 1–15 (2018).
5 Han, W. *et al.* A neural circuit for gut-induced reward. *Cell* 175, 665–678. e623 (2018).
6 Serino, A. *et al.* Peripersonal space: an index of multisensory body–environment interactions in real, virtual, and mixed realities. *Frontiers in ICT* 4, 31 (2018).
7 Padan, E., Bibi, E., Ito, M. & Krulwich, T. A. Alkaline pH homeostasis in bacteria: new insights. *Biochimica et biophysica acta (BBA)-biomembranes* 1717, 67–88 (2005).
8 Kasting, J. F. & Siefert, J. L. Life and the evolution of Earth's atmosphere. *Science* 296, 1066–1068 (2002).
9 Ardelean, I. I., Moisescu, C. & Popoviciu, D. R. in *From Fossils to Astrobiology* 335–350 (Springer, 2009).
10 Ciaunica, A., Constant, A., Preissl, H. & Fotopoulou, A. The First Prior: from Co-Embodiment to Co-Homeostasis in Early Life. *Consciousness and Cognition* (2021).
11 Baotic, A., Sicks, F. & Stoeger, A. S. Nocturnal «humming» vocalizations: adding a piece to the puzzle of giraffe vocal communication. *BMC research notes* 8, 425 (2015).
12 Zhang, Y., Kim, I.-J., Sanes, J. R. & Meister, M. The most numerous ganglion cell type of the mouse retina is a selective feature detector. *Proceedings of the National Academy of Sciences* 109, E2391–E2398 (2012).

13 Semmelhack, J. L. *et al.* A dedicated visual pathway for prey detection in larval zebrafish. *Elife* 3, doi:10.7554/eLife.04878 (2014).

14 Yilmaz, M. & Meister, M. Rapid innate defensive responses of mice to looming visual stimuli. *Curr Biol* 23, 2011–2015, doi:10.1016/j.cub.2013.08015 (2013).

15 Abraira, V. E. *et al.* The cellular and synaptic architecture of the mechanosensory dorsal horn. *Cell* 168, 295–310. e219 (2017).

16 Kuhl, P. K., Williams, K. A., Lacerda, F., Stevens, K. N. & Lindblom, B. Linguistic experience alters phonetic perception in infants by 6 months of age. *Science* 255, 606–608 (1992).

17 Miller, L. E. *et al.* Somatosensory cortex efficiently processes touch located beyond the body. *Current Biology* 29, 4276–4283. e4275 (2019).

18 Smith, G. E., Chouinard, P. A. & Byosiere, S.-E. If I fits I sits: A citizen science investigation into illusory contour susceptibility in domestic cats (Felis silvestris catus). *Applied Animal Behaviour Science* 240, 105338 (2021).

19 Feng, L. C., Chouinard, P. A., Howell, T. J. & Bennett, P. C. Why do animals differ in their susceptibility to geometrical illusions? *Psychonomic bulletin & review* 24, 262–276 (2017).

20 Levy, D. A., Granot, R. & Bentin, S. Processing specificity for human voice stimuli: electrophysiological evidence. *Neuroreport* 12, 2653–2657 (2001).

21 Charest, I. *et al.* Electrophysiological evidence for an early processing of human voices. *Bmc Neuroscience* 10, 127 (2009).

22 Murray, M. M., Camen, C., Andino, S. L. G., Bovet, P. & Clarke, S. Rapid brain discrimination of sounds of objects. *Journal of Neuroscience* 26, 1293–1302 (2006).

23 Blasi, A. *et al.* Early specialization for voice and emotion processing in the infant brain. *Current biology* 21, 1220–1224 (2011).

24 Webb, A. R., Heller, H. T., Benson, C. B. & Lahav, A. Mother's voice and heartbeat sounds elicit auditory plasticity in the human brain before full gestation. *Proceedings of the National Academy of Sciences* 112, 3152–3157 (2015).

25 Heider, F. & Simmel, M. An experimental study of apparent behavior. *The American journal of psychology* 57, 243–259 (1944).

26 Lorenz, K. Der Kumpan in der Umwelt des Vogels. Der Artgenosse als auslösendes Moment sozialer Verhaltensweisen. *Journal für Ornithologie. Beiblatt* (Leipzig) (1935).

27 Simion, F., Regolin, L. & Bulf, H. A predisposition for biological motion in the newborn baby. *Proceedings of the National Academy of Sciences* 105, 809–813 (2008).

28 Bardi, L., Regolin, L. & Simion, F. Biological motion preference in humans at birth: Role of dynamic and configural properties. *Developmental science* 14, 353–359 (2011).

29 Kogan, N. On aesthetics and its origins: Some psychobiological and evolutionary considerations. *Social Research*, 139–165 (1994).

30 Rocha, S., Southgate, V. & Mareschal, D. Rate of infant carrying predicts infant spontaneous motor tempo. (2021).

31 Huron, D. Musical Aesthetics: Uncertainty and Surprise Enhance Our Enjoyment of Music. *Current Biology* 29, R1238–R1240 (2019).

32 Friston, K. The free-energy principle: a unified brain theory? *Nat Rev Neurosci* 11, 127–138, doi:10.1038/nrn2787 (2010).

33 Castiello, U. *et al.* Wired to be social: the ontogeny of human interaction. *PloS one* 5, e13199 (2010).

34 Glover, V., O'Connor, T. & O'Donnell, K. Prenatal stress and the programming of the HPA axis. *Neuroscience & Biobehavioral Reviews* 35, 17–22 (2010).

35 Mennella, J. A., Jagnow, C. P. & Beauchamp, G. K. Prenatal and postnatal flavor learning by human infants. *Pediatrics* 107, e88–e88 (2001).

36 Moseley, J. B. *et al.* A controlled trial of arthroscopic surgery for osteoarthritis of the knee. *New England Journal of Medicine* 347, 81–88 (2002).

37 Macedo, A., Farré, M. & Banos, J.-E. Placebo effect and placebos: what are we talking about? Some conceptual and historical considerations. *European journal of clinical pharmacology* 59, 337–342 (2003).

38 De Craen, A. J., Kaptchuk, T. J., Tijssen, J. G. & Kleijnen, J. Placebos and placebo effects in medicine: historical overview. *Journal of the Royal Society of Medicine* 92, 511–515 (1999).

39 Bingel, U. *et al.* The effect of treatment expectation on drug efficacy: imaging the analgesic benefit of the opioid remifentanil. *Science translational medicine* 3, 70ra14 (2011).

40 Leuchter, A. F., Hunter, A. M., Tartter, M. & Cook, I. A. Role of pill-taking, expectation and therapeutic alliance in the placebo response in clinical trials for major depression. *The British Journal of Psychiatry* 205, 443–449 (2014).

41 Petrie, K. J. & Rief, W. Psychobiological mechanisms of placebo and nocebo effects: pathways to improve treatments and reduce side effects. *Annual review of psychology* 70, 599–625 (2019).

42 Wartolowska, K. *et al.* Use of placebo controls in the evaluation of surgery: systematic review. *Bmj* 348, g3253 (2014).

43 Mannion, A. F., Brox, J. I. & Fairbank, J. C. Comparison of spinal fusion and nonoperative treatment in patients with chronic low back pain: long-term follow-up of three randomized controlled trials. *The spine journal* 13, 1438–1448 (2013).

44 Jensen, M. C. *et al.* Magnetic resonance imaging of the lumbar spine in people without back pain. *New England Journal of Medicine* 331, 69–73 (1994).

45 Kaptchuk, T. J. *et al.* Components of placebo effect: randomised controlled trial in patients with irritable bowel syndrome. *Bmj* 336, 999–1003 (2008).

46 Howe, L. C., Goyer, J. P. & Crum, A. J. Harnessing the placebo effect: Exploring the influence of physician characteristics on placebo response. *Health Psychology* 36, 1074 (2017).

47 Böhme, R. *Human Touch. Warum körperliche Nähe so wichtig ist* (C.H.Beck, 2019).

48 Winkler, A. & Hermann, C. Placebo- and nocebo-effects in cognitive neuroenhancement: when expectation shapes perception. *Frontiers in Psychiatry* 10 (2019).

49 Anna, G. J., Julia, R., Julia, W., Lea, R. & Winfried, R. Placebo mechanisms in depression: An experimental investigation of the impact of expectations on sadness in female participants. *Journal of affective disorders* 256, 658–667 (2019).

50 Szigeti, B. *et al.* Self-blinding citizen science to explore psychedelic microdosing. *Elife* 10, doi:10.7554/eLife.62878 (2021).

51 Winkler, A. & Rief, W. Effect of placebo conditions on polysomnographic parameters in primary insomnia: a meta-analysis. *Sleep* 38, 925–931 (2015).

52 Eippert, F., Finsterbusch, J., Bingel, U. & Büchel, C. Direct evidence for spinal cord involvement in placebo analgesia. *Science* 326, 404–404 (2009).

53 Buckalew, L. W. & Coffield, K. E. An investigation of drug expectancy as a function of capsule color and size and preparation form. *Journal of clinical psychopharmacology* 2, 245–248 (1982).

54 Abel, G. A. & Glinert, L. H. Chemotherapy as language: Sound symbolism in cancer medication names. *Social Science & Medicine* 66, 1863–1869 (2008).

55 Tinnermann, A., Geuter, S., Sprenger, C., Finsterbusch, J. & Büchel, C. Interactions between brain and spinal cord mediate value effects in nocebo hyperalgesia. *Science* 358, 105–108 (2017).

56 Cannon, W. B. «Voodoo» death. *American anthropologist* 44, 169–181 (1942).

57 Alpert, J. S. Emotional states and sudden death. *The American journal of medicine* 131, 455–456 (2018).

58 Baltzer Nielsen, S. *et al.* Can acute stress be fatal? A systematic cross-disciplinary review. *Stress* 22, 286–294 (2019).

59 Singh, M. Magic, explanations, and evil: On the origins and design of witches and sorcerers. *Current Anthropology. SocArXiv* (2018).

60 Benedetti, F., Thoen, W., Blanchard, C., Vighetti, S. & Arduino, C. Pain as a reward: changing the meaning of pain from negative to positive co-activates opioid and cannabinoid systems. *Pain* 154, 361–367 (2013).

61 Edwards, R., Eccleston, C. & Keogh, E. Observer influences on pain: an experimental series examining same-sex and opposite-sex friends, strangers, and romantic partners. *Pain* 158, 846–855 (2017).

62 Eisenberger, N. I. *et al.* Attachment figures activate a safety signal-related neural region and reduce pain experience. *Proceedings of the National Academy of Sciences* 108, 11 721–11 726 (2011).

63 Brown, C. A., Seymour, B., Boyle, Y., El-Deredy, W. & Jones, A. K. Modulation of pain ratings by expectation and uncertainty: Behavioral characteristics and anticipatory neural correlates. *Pain* 135, 240–250 (2008).

64 Vase, L., Robinson, M. E., Verne, G. N. & Price, D. D. The contributions of suggestion, desire, and expectation to placebo effects in irritable bowel syndrome patients: an empirical investigation. *Pain* 105, 17–25 (2003).

65 Verne, G. N., Robinson, M. E., Vase, L. & Price, D. D. Reversal of visceral and cutaneous hyperalgesia by local rectal anesthesia in irritable bowel syndrome (IBS) patients. *Pain* 105, 223–230 (2003).

66 Atlas, L. Y. & Wager, T. D. How expectations shape pain. *Neuroscience letters* 520, 140–148 (2012).

67 Craig, K. D. & Prkachin, K. M. Social modeling influences on sensory decision theory and psychophysiological indexes of pain. *Journal of personality and social psychology* 36, 805 (1978).

68 Reicherts, P., Gerdes, A. B., Pauli, P. & Wieser, M. J. On the mutual effects of pain and emotion: facial pain expressions enhance pain perception and vice versa are perceived as more arousing when feeling pain. *Pain* 154, 793–800 (2013).

69 Lembo, A. *et al.* Open-label placebo vs double-blind placebo for

irritable bowel syndrome: a randomized clinical trial. *Pain* (2021).

70 Jensen, K. B. *et al.* Nonconscious activation of placebo and no-cebo pain responses. *Proceedings of the National Academy of Sciences* 109, 15 959–15 964 (2012).

71 Weimer, K. *et al.* Placebo effects in children: a review. *Pediatric research* 74, 96–102 (2013).

72 Heinz, A. & Schlagenhauf, F. Dopaminergic dysfunction in schizophrenia: salience attribution revisited. *Schizophr Bull* 36, 472–485, doi:10.1093/schbul/sbq031 (2010).

73 Rosenthal, R. & Jacobson, L. Pygmalion in the classroom. *The urban review* 3, 16–20 (1968).

74 MacNell, L., Driscoll, A. & Hunt, A. N. What's in a name: Exposing gender bias in student ratings of teaching. *Innovative Higher Education* 40, 291–303 (2015).

75 Merton, R. K. The self-fulfilling prophecy. *The antioch review* 8, 193–210 (1948).

76 Swann, W. B., Rentfrow, P. J., Guinn, J. S., Leary, M. R. & Tangney, J. P. in *Self-verification: The search for coherence*, 405–424 (The Guilford Press New York, 2003).

77 Jamieson, J. P., Peters, B. J., Greenwood, E. J. & Altose, A. J. Reappraising stress arousal improves performance and reduces evaluation anxiety in classroom exam situations. *Social Psychological and Personality Science* 7, 579–587 (2016).

78 Böhme, R. Resilienz (C.H.Beck, 2019).

79 Fredrickson, B. L., Cohn, M. A., Coffey, K. A., Pek, J. & Finkel, S. M. Open hearts build lives: positive emotions, induced through loving-kindness meditation, build consequential personal resources. *J Pers Soc Psychol* 95, 1045–1062, doi:10.1037/a0013 262 (2008).

80 Fredrickson, B. L. *et al.* Positive emotion correlates of meditation practice: A comparison of mindfulness meditation and loving-kindness meditation. *Mindfulness* 8, 1623–1633 (2017).

81 Hutcherson, C. A., Seppala, E. M. & Gross, J. J. Loving-kindness meditation increases social connectedness. *Emotion* 8, 720 (2008).

82 Aspy, D. J. & Proeve, M. Mindfulness and loving-kindness meditation: Effects on connectedness to humanity and to the natural world. *Psychological reports* 120, 102–117 (2017).

83 North, A. C., Hargreaves, D. J. & McKendrick, J. The influence of in-store music on wine selections. *Journal of Applied psychology* 84, 271 (1999).

84 Graf, P., Squire, L. R. & Mandler, G. The information that amnesic patients do not forget. *Journal of Experimental Psychology: Learning, Memory, and Cognition* 10, 164 (1984).

85 Thomason, T. C., Arbuckle, T. & Cady, D. Test of the eye-movement hypothesis of neurolinguistic programming. *Perceptual and Motor Skills* (1980).

86 Wiseman, R. *et al.* The eyes don't have it: Lie detection and neurolinguistic programming. *PloS one 7*, e40259 (2012).

87 Passmore, J. & Rowson, T. S. Neuro-linguistic-programming: a critical review of NLP research and the application of NLP in coaching. *International Coaching Psychology Review* 14, 57–69 (2019).

88 Kiesel, A., Kunde, W. & Hoffmann, J. Mechanisms of subliminal response priming. *Advances in Cognitive Psychology* 3, 307 (2007).

89 Ruch, S., Züst, M. A. & Henke, K. Subliminal messages exert long-term effects on decision-making. *Neurosci Conscious* 2016, niw013, doi:10.1093/nc/niw013 (2016).

90 Bermeitinger, C. *et al.* The hidden persuaders break into the tired brain. *Journal of experimental social psychology* 45, 320–326 (2009).

91 Swart, L. C. & Morgan, C. L. Effects of subliminal backward-recorded messages on attitudes. *Percept Mot Skills* 75, 1107–1113, doi:10.2466/pms.1992.75.3f.1107 (1992).

92 Moore, T. E. Subliminal perception: facts and fallacies (2008).

93 Wang, Q. & Ross, M. What we remember and what we tell: The effects of culture and self-priming on memory representations and narratives. *Memory* 13, 594–606 (2005).

94 Thaler, R. H. & Sunstein, C. R. *Nudge: Improving decisions about health, wealth, and happiness* (Penguin, 2009).

95 Lehner, M., Mont, O. & Heiskanen, E. Nudging–A promising tool for sustainable consumption behaviour? *Journal of Cleaner Production* 134, 166–177 (2016).

96 Pichert, D. & Katsikopoulos, K. V. Green defaults: Information presentation and pro-environmental behaviour. *Journal of Environmental Psychology* 28, 63–73 (2008).

97 Egebark, J. & Ekström, M. Can indifference make the world greener? *Journal of Environmental Economics and Management 76*, 1–13 (2016).

98 Lakoff, G. Metaphor and war: The metaphor system used to justify war in the gulf. *Cognitive Semiotics* 4, 5–19 (2012).

99 Freedman, M. R. & Brochado, C. Reducing portion size reduces food intake and plate waste. *Obesity* 18, 1864–1866 (2010).

100 Goldstein, N. J., Cialdini, R. B. & Griskevicius, V. A room with a viewpoint: Using social norms to motivate environmental conservation in hotels. *Journal of consumer Research* 35, 472–482 (2008).

101 Langford, D. J. *et al.* Social modulation of pain as evidence for empathy in mice. *Science* 312, 1967–1970 (2006).

102 Coviello, L. *et al.* Detecting emotional contagion in massive social networks. *PloS one* 9, e90315 (2014).

103 Buchanan, T. W., Bagley, S. L., Stansfield, R. B. & Preston, S. D. The empathic, physiological resonance of stress. *Social neuroscience* 7, 191–201 (2012).

104 Varela, F., Lachaux, J.-P., Rodriguez, E. & Martinerie, J. The brainweb: phase synchronization and large-scale integration. *Nature reviews neuroscience* 2, 229–239 (2001).

105 Miller, J. G. *et al.* Inter-brain synchrony in mother-child dyads during cooperation: an fNIRS hyperscanning study. *Neuropsychologia* 124, 117–124 (2019).

106 Dikker, S. *et al.* Brain-to-brain synchrony tracks real-world dynamic group interactions in the classroom. *Current biology* 27, 1375–1380 (2017).

107 Szymanski, C. *et al.* Teams on the same wavelength perform better: Inter-brain phase synchronization constitutes a neural substrate for social facilitation. *Neuroimage* 152, 425–436 (2017).

108 Toppi, J. *et al.* Investigating cooperative behavior in ecological settings: an EEG hyperscanning study. *PloS one* 11, e0154236 (2016).

109 Fishburn, F. A. *et al.* Putting our heads together: interpersonal neural synchronization as a biological mechanism for shared intentionality. *Social cognitive and affective neuroscience* 13, 841–849 (2018).

110 Long, Y. *et al.* Interpersonal neural synchronization during interpersonal touch underlies affiliative pair bonding between romantic couples. *Cerebral Cortex* 31, 1647–1659 (2021).

111 de Waal, F. B. & Preston, S. D. Mammalian empathy: behavioural manifestations and neural basis. *Nature Reviews Neuroscience* 18, 498–509 (2017).

112 Norscia, I. & Palagi, E. Yawn contagion and empathy in Homo sapiens. *PloS one* 6, e28472 (2011).

113 Campbell, M. W. & De Waal, F. B. Ingroup-outgroup bias in contagious yawning by chimpanzees supports link to empathy. *PloS one* 6, e18283 (2011).

114 Gallup, A. C., Swartwood, L., Militello, J. & Sackett, S. Experi-

mental evidence of contagious yawning in budgerigars (Melopsittacus undulatus). *Animal cognition* 18, 1051–1058 (2015).

115 Romero, T., Konno, A. & Hasegawa, T. Familiarity bias and physiological responses in contagious yawning by dogs support link to empathy. *PloS one* 8, e71365 (2013).

116 Silva, K., Bessa, J. & De Sousa, L. Auditory contagious yawning in domestic dogs (Canis familiaris): first evidence for social modulation. *Animal cognition* 15, 721–724 (2012).

117 Goldstein, P., Weissman-Fogel, I., Dumas, G. & Shamay-Tsoory, S. G. Brain-to-brain coupling during handholding is associated with pain reduction. *Proceedings of the national academy of sciences* 115, E2528–E2537 (2018).

118 Valencia, A. L. & Froese, T. What binds us? Inter-brain neural synchronization and its implications for theories of human consciousness. *Neuroscience of consciousness* 2020, niaa010 (2020).

119 App, B., McIntosh, D. N., Reed, C. L. & Hertenstein, M. J. Nonverbal channel use in communication of emotion: How may depend on why. *Emotion* 11, 603 (2011).

120 McIntyre, S. *et al.* in *2019 IEEE World Haptics Conference (WHC)*. 175–180 (IEEE).

121 Kahneman, D. *Thinking, fast and slow* (Macmillan, 2011).

122 Metzinger, T. K. The myth of cognitive agency: subpersonal thinking as a cyclically recurring loss of mental autonomy. *Frontiers in psychology* 4, 931 (2013).

123 Sheline, Y. I. *et al.* The default mode network and self-referential processes in depression. *Proceedings of the National Academy of Sciences* 106, 1942–1947 (2009).

124 Berkovich-Ohana, A., Glicksohn, J. & Goldstein, A. Mindfulness-induced changes in gamma band activity–implications for the default mode network, self-reference and attention. *Clinical Neurophysiology* 123, 700–710 (2012).

125 Brewer, J. A. *et al.* Meditation experience is associated with differences in default mode network activity and connectivity. *Proceedings of the National Academy of Sciences* 108, 20254–20259 (2011).

126 Simon, R. & Engstrom, M. The default mode network as a biomarker for monitoring the therapeutic effects of meditation. *Front Psychol* 6, 776, doi:10.3389/fpsyg.2015.00776 (2015).

127 Bratman, G. N., Hamilton, J. P., Hahn, K. S., Daily, G. C. & Gross, J. J. Nature experience reduces rumination and subgenual prefrontal cortex activation. *Proceedings of the national academy of sciences* 112, 8567–8572 (2015).

128 Van Elk, M., Arciniegas Gomez, M. A., van der Zwaag, W., Van Schie, H. T. & Sauter, D. The neural correlates of the awe experience: Reduced default mode network activity during feelings of awe. *Human brain mapping* 40, 3561–3574 (2019).

129 Keltner, D. & Haidt, J. Approaching awe, a moral, spiritual, and aesthetic emotion. *Cognition & emotion* 17, 297–314 (2003).

130 Shin, J. & Grant, A. M. When putting work off pays off: the curvilinear relationship between procrastination and creativity. *Academy of Management Journal* (2020).

131 Rolls, B. J., Morris, E. L. & Roe, L. S. Portion size of food affects energy intake in normal-weight and overweight men and women. *The American journal of clinical nutrition* 76, 1207–1213 (2002).

132 Wansink, B. Environmental factors that increase the food intake and consumption volume of unknowing consumers. *Annu. Rev. Nutr.* 24, 455–479 (2004).

133 Wansink, B. *Mindless eating: Why we eat more than we think.* (Bantam, 2007).

134 Arvola, S. & Liedgren, H. (2014).

135 Bound Alberti, F. This «modern epidemic»: loneliness as an emotion cluster and a neglected subject in the history of emotions. *Emotion Review* 10, 242–254 (2018).

136 Hunter, D. Loneliness: a public health issue. *Perspectives in public health* 132, 153 (2012).

137 Kesebir, P. & Diener, E. In Pursuit of Happiness: Empirical Answers to Philosophical Questions. *Perspect Psychol Sci* 3, 117–125, doi:10.1111/j.1745-6916.2008.00069.x (2008).

138 Post, S. G. Altruism, happiness, and health: It's good to be good. *International journal of behavioral medicine* 12, 66–77 (2005).

139 Koehne, S., Hatri, A., Cacioppo, J. T. & Dziobek, I. Perceived interpersonal synchrony increases empathy: insights from autism spectrum disorder. *Cognition* 146, 8–15 (2016).

140 Hove, M. J. & Risen, J. L. It's all in the timing: Interpersonal synchrony increases affiliation. *Social cognition* 27, 949–960 (2009).

141 Bolognini, N., Rossetti, A., Fusaro, M., Vallar, G. & Miniussi, C. Sharing social touch in the primary somatosensory cortex. *Curr Biol* 24, 1513–1517, doi:10.1016/j.cub.2014.05025 (2014).

142 Lindström, B., Haaker, J. & Olsson, A. A common neural network differentially mediates direct and social fear learning. *NeuroImage* 167, 121–129 (2018).

143 Tinnermann, A., Büchel, C. & Haaker, J. Observation of others'

painful heat stimulation involves responses in the spinal cord. *Science Advances* 7, eabe8444 (2021).

144 Issartel, J., Marin, L. & Cadopi, M. Unintended interpersonal co-ordination: «can we march to the beat of our own drum?». *Neuroscience letters* 411, 174–179 (2007).

145 Hyland, P. *et al.* Quality not quantity: loneliness subtypes, psychological trauma, and mental health in the US adult population. *Social psychiatry and psychiatric epidemiology* 54, 1089–1099 (2019).

146 Wilson, M. & Cook, P.F. Rhythmic entrainment: why humans want to, fireflies can't help it, pet birds try, and sea lions have to be bribed. *Psychonomic bulletin & review* 23, 1647–1659 (2016).

147 Tarr, B., Launay, J. & Dunbar, R.I. Music and social bonding: «self-other» merging and neurohormonal mechanisms. *Frontiers in psychology* 5, 1096 (2014).

148 Brown, S. in *Perspectives in ethology* 231–281 (Springer, 2000).

149 Boebinger, D., Norman-Haignere, S.V., McDermott, J.H. & Kanwisher, N. Music-selective neural populations arise without musical training. *Journal of Neurophysiology* 125, 2237–2263, doi:10.1152/jn.00 588.2020 (2021).

150 Wittig, R.M. *et al.* Food sharing is linked to urinary oxytocin levels and bonding in related and unrelated wild chimpanzees. *Proceedings of the Royal Society B: Biological Sciences* 281, 20133 096 (2014).

151 Uvnas-Moberg, K., Handlin, L. & Petersson, M. Self-soothing behaviors with particular reference to oxytocin release induced by non-noxious sensory stimulation. *Front Psychol* 5, 1529, doi:10.3389/fpsyg.2014.01 529 (2014).

152 Spetter, M.S. & Hallschmid, M. Current findings on the role of oxytocin in the regulation of food intake. *Physiology & behavior* 176, 31–39 (2017).

153 Crook, T. Norms, forms and beds: Spatializing sleep in Victorian Britain. *Body & Society* 14, 15–35 (2008).

154 Barry, E.S. Co-sleeping as a proximal context for infant development: The importance of physical touch. *Infant Behavior and Development* 57, 101 385 (2019).

155 McKenna, J.J. & McDade, T. Why babies should never sleep alone: A review of the co-sleeping controversy in relation to SIDS, bedsharing and breast feeding. *Paediatric respiratory reviews* 6, 134–152 (2005).

156 Yoon, H. *et al.* Human heart rhythms synchronize while co-sleeping. *Frontiers in physiology* 10, 190 (2019).

157 Smith, B. P. *et al.* A multispecies approach to co-sleeping. *Human nature* 28, 255–273 (2017).

158 Fisher, M. & Keil, F. C. The curse of expertise: When more knowledge leads to miscalibrated explanatory insight. *Cognitive science* 40, 1251–1269 (2016).

159 Ottati, V., Price, E. D., Wilson, C. & Sumaktoyo, N. When self-perceptions of expertise increase closed-minded cognition: The earned dogmatism effect. *Journal of Experimental Social Psychology* 61, 131–138 (2015).

160 Krumrei-Mancuso, E. J., Haggard, M. C., LaBouff, J. P. & Rowatt, W. C. Links between intellectual humility and acquiring knowledge. *The Journal of Positive Psychology* 15, 155–170 (2020).

161 Porter, T. & Schumann, K. Intellectual humility and openness to the opposing view. *Self and Identity* 17, 139–162 (2018).

162 Oishi, S. & Westgate, E. C. A psychologically rich life: Beyond happiness and meaning. *Psychological Review* (2021).

163 Gonçalves, A. & Carvalho, S. Death among primates: a critical review of non-human primate interactions towards their dead and dying. *Biological Reviews* 94, 1502–1529 (2019).

164 Arcadi, A. C., Robert, D. & Boesch, C. Buttress drumming by wild chimpanzees: Temporal patterning, phrase integration into loud calls, and preliminary evidence for individual distinctiveness. *Primates* 39, 505–518 (1998).

165 Harrod, J. B. The Case for Chimpanzee Religion. *Journal for the Study of Religion, Nature & Culture* 8 (2014).

166 Lentz, C. & Sturm, H.-J. Of Trees and Earth Shrines: An Interdisciplinary Approach to Settlement Histories in the West African Savanna1. *History in Africa* 28, 139–168 (2001).

167 Kühl, H. S. *et al.* Chimpanzee accumulative stone throwing. *Scientific reports* 6, 1–8 (2016).

168 Kalan, A. K. *et al.* Chimpanzees use tree species with a resonant timbre for accumulative stone throwing. *Biology letters* 15, 20190747 (2019).

169 Harrod, J. B. in *Empirically Engaged Evolutionary Ethics* 63–86 (Springer, 2021).

170 de Waal, F. *Mamas letzte Umarmung: Die Emotionen der Tiere und was sie über uns aussagen* (Klett-Cotta, 2020).

171 Plomin, R. *Blueprint: How DNA makes us who we are* (MIT Press, 2019).

172 Böhme, G. & Böhme, R. *Über das Unbehagen im Wohlstand* (edition suhrkamp, 2021).

173 McPhetres, J. Oh, the things you don't know: awe promotes

awareness of knowledge gaps and science interest. *Cognition and Emotion* 33, 1599–1615 (2019).

174 White, F. *The overview effect: Space exploration and human evolution* (AIAA, 1998).

175 Yaden, D. B. *et al.* The overview effect: Awe and self-transcendent experience in space flight. *Psychology of Consciousness: Theory, Research, and Practice* 3, 1 (2016).

176 Joel, S. *et al.* Machine learning uncovers the most robust self-report predictors of relationship quality across 43 longitudinal couples studies. *Proceedings of the National Academy of Sciences* 117, 19061–19071 (2020).

177 Galvez-Pol, A., Salome, A., Li, C. & Kilner, J. Direct perception of other people's heart rate. (2020).

Bildnachweis

Aus dem Verlagsprogramm

REBECCA BÖHME

HUMAN TOUCH

Warum körperliche
Nähe so wichtig ist

Erkenntnisse
aus Medizin und
Hirnforschung

C·H·Beck

192 Seiten mit 10 Abbildungen | Broschiert | 978-3-406-72590-6

Schon unwillkürliche Berührungen im Alltag beeinflussen unsere Entscheidungen, sie eröffnen uns den Zugang zu verschütteten Gefühlen oder bringen uns zurück ins Gleichgewicht. Wie *human touch* wirkt und warum er so wichtig ist, schildert Rebecca Böhme in diesem außergewöhnlich anschaulichen und einfühlsamen, im wahrsten Sinne berührenden Buch.

«Zu den Stärken von Rebecca Böhmes durchweg verständlich geschriebenem Buch gehört, wie souverän sie neurologische Erkenntnisse mit sozialen, kulturellen oder philosophischen Aspekten verbindet.»
Oliver Pfohlmann, Neue Zürcher Zeitung

C.H.BECK
WWW.CHBECK.DE

124 Seiten mit 2 Abbildungen | Broschiert | 978-3-406-73956-9

Stress, Krisen und Niederlagen gehören zu jedem Leben dazu.
Nicht wenige Menschen haben mit traumatischen Erfahrungen zu
kämpfen. Für die geheimnisvolle Kraft, die es uns ermöglicht,
solche Ereignisse zu verkraften und zu bewältigen, verwendet die
Psychologie den Begriff der «Resilienz». Die psychische Widerstands-
kraft ist eine Verbindung von Veranlagung, Prägung und Erfahrung.
Trotzdem ist sie keineswegs statisch, sondern kann sich, wie
Rebecca Böhme an vielen Beispielen zeigt, im Laufe des Lebens
wandeln: durch Übung, Re-Evaluation und nicht zuletzt durch ein
vertrauensvolles soziales Miteinander. Ein abschließendes Kapitel
des Bandes gilt der Resilienz im Alter.

C.H.BECK
WWW.CHBECK.DE

Psychologie bei C.H.Beck

Johann Hinrich Claussen/Ulrich Lilie
Für sich sein
Ein Atlas der Einsamkeiten
2021. 248 Seiten mit 8 Illustrationen von Dirk Uhlenbrock
Klappenbroschur

Rolf Reber
Psychologie
Grundlagen, Methoden, Therapien
2021. 128 Seiten mit 4 Abbildungen und 2 Tabellen
Broschiert

Helmut Remschmidt
Wenn junge Menschen töten
Ein Kinder- und Jugendpsychiater berichtet
2019. 287 Seiten mit 4 Abbildungen und 5 Tabellen
Klappenbroschur

Ilse Sand
Die innere Mauer
Beziehungsangst überwinden, Nähe zulassen
Aus dem Dänischen von Anja Lerz
2020. 122 Seiten. Klappenbroschur

Walter Toman
Familienkonstellationen
Ihr Einfluß auf den Menschen
10. Auflage. 2020. 271 Seiten. Broschiert

C.H.Beck

Populäres Sachbuch bei C.H.Beck

Stefan Buijsman
Ada und die Algorithmen
Wahre Geschichten aus der Welt der künstlichen Intelligenz
Aus dem Niederländischen von Bärbel Jänicke
2021. 236 Seiten mit 43 Schwarz-Weiß-Abbildungen und
17 Farbabbildungen. Gebunden

Silvia Ferrara
Die große Erfindung
Eine Geschichte der Welt in neun geheimnisvollen Schriften
Aus dem Italienischen von Enrico Heinemann
2021. 241 Seiten mit 40 Abbildungen, teils in Farbe. Gebunden

Dr. med. Jördis Frommhold
LongCovid
Die neue Volkskrankheit
Wie man sie erkennt, warum sie so viele betrifft
und was wirklich hilft
2022. 176 Seiten mit 7 Schaubildern und Graphiken
Klappenbroschur

Andreas Schwab
Zeit der Aussteiger
Eine Reise zu den Künstlerkolonien von Barbizon bis Monte Verità
2. Auflage. 2021. 333 Seiten mit 57 Abbildungen im Text
und 16 Farbabbildungen im Tafelteil. Gebunden

Pia Volk
Deutschlands schrägste Orte
Ein Fremdenführer für Einheimische
2. Auflage. 2021. 256 Seiten mit 8 Illustrationen
von Lukas Wossagk. Gebunden

C.H.Beck